ABHANDLUNGEN DER AKADEMIE
DER WISSENSCHAFTEN DER DDR

Veröffentlichungen
der
Wissenschaftlichen
Räte

W 2
1976

Sozialistisches Rechtsbewußtsein - Herausbildung und gesellschaftliche Wirkung

Akademie-Verlag · Berlin

ABHANDLUNGEN
DER AKADEMIE DER WISSENSCHAFTEN DER DDR
Abteilung Veröffentlichungen der Wissenschaftlichen Räte

Jahrgang 1976 · Nr. W 2

4. Tagung des Rates für staats- und rechtswissenschaftliche Forschung der Akademie der Wissenschaften der DDR vom 28. November 1975

Sozialistisches Rechtsbewußtsein – Herausbildung und gesellschaftliche Wirkung

AKADEMIE-VERLAG · BERLIN · 1976

Herausgegeben im Auftrage des Präsidenten
der Akademie der Wissenschaften der DDR
von Vizepräsident Prof. Dr. Heinrich Scheel

Verantwortlich für dieses Heft:
Prof. Dr. Gerhard Schüßler
Vorsitzender des Rates für staats- und rechtswissenschaftliche Forschung an
der Akademie der Wissenschaften der DDR

Redaktionsschluß: 2. 3. 1976
Erschienen im Akademie-Verlag, 108 Berlin, Leipziger Str. 3–4

Lizenznummer: 202 · 100/243/76
Gesamtherstellung: VEB Druckhaus „Maxim Gorki", 74 Altenburg
Bestellnummer: 753 211 9 (2001/76/2/W) · LSV 0465
Printed in GDR
DDR 8,–

Inhaltsverzeichnis

Vorwort

Dem vorliegenden Sammelband liegt eine wissenschaftliche Beratung zugrunde, die vom Rat für staats- und rechtswissenschaftliche Forschung an der Akademie der Wissenschaften der DDR im November 1975 zu Problemen des sozialistischen Rechtsbewußtseins und der sozialistischen Rechtspropaganda durchgeführt wurde. An ihr nahmen zahlreiche Vertreter der Staats-, Wirtschafts- und Publikationsorgane teil.
Ziel der wissenschaftlichen Veranstaltung war es, den erforderlichen Beitrag der Rechtswissenschaft zur Entwicklung und Festigung des sozialistischen Rechtsbewußtseins der Bürger zu bestimmen und gemeinsam mit den Vertretern der Praxisorgane neue Wege zur weiteren Profilierung der sozialistischen Rechtserziehung und der Propagierung des sozialistischen Rechts zu beraten. Die Beiträge haben theoretische Grundfragen der Entwicklung und Festigung des sozialistischen Rechtsbewußtseins zum Inhalt, sie berichten über praktische Erfahrungen bei der Vermittlung des sozialistischen Rechts im Prozeß der aktiven Mitwirkung der Bürger bei der Gestaltung der sozialistischen gesellschaftlichen Verhältnisse und geben vielfältige Anregungen zur weiteren Verbesserung der wissenschaftlichen und praktischen Arbeit bei der sozialistischen Rechtserziehung und Rechtspropaganda.

GERHARD SCHÜSSLER

Zur Entwicklung des sozialistischen Rechtsbewußtseins

Eine wichtige Aufgabe in Vorbereitung des IX. Parteitages der SED besteht darin, das sozialistische Rechtsbewußtsein der Bürger der DDR zu vertiefen. Hierfür wurden seit dem VIII. Parteitag unter Führung der Partei in allen gesellschaftlichen Bereichen wesentliche Voraussetzungen und außerordentlich günstige Bedingungen geschaffen. Insbesondere findet das seinen Ausdruck in der Vervollkommnung des gesamten sozialistischen Rechtssystems durch die Verwirklichung des vom VIII. Parteitag initiierten Gesetzgebungsprogramms.
Auf dem Weg zur entwickelten sozialistischen Gesellschaft und der Schaffung der Voraussetzungen für den Übergang zur kommunistischen Gesellschaft gewinnt die Entwicklung des sozialistischen Rechtsbewußtseins an Bedeutung. Die Überzeugung vom sozialistischen Wesen unseres Rechts, das die Ideale der Arbeiterklasse, des Humanismus und der Gerechtigkeit in sich birgt, wird im Sozialismus immer stärker zu einem wichtigen Handlungsantrieb. Es gibt letztlich kein Gebiet des gesellschaftlichen Lebens, das nicht in der einen oder anderen Weise vom Recht beeinflußt wird. Aber es wirkt nur über das Bewußtsein und das Handeln der Menschen. „Alles, was die Menschen in Bewegung setzt, muß durch ihren Kopf hindurch",[1] stellte Friedrich Engels fest.
Lenin betonte, daß der „lebendige, schöpferische Sozialismus" nur das „Werk der Volksmassen selbst"[2] sein kann und im Sozialismus die „lebendige schöpferische Tätigkeit der Massen" der „Hauptfaktor des neuen öffentlichen Lebens"[3] ist, daß es darauf ankommt, „die positive oder auch schöpferische Arbeit" der Millionenmassen zu organisieren.[4]
Das Schöpfertum der Massen steht aber im direkten Verhältnis zum Entwicklungsgrad des sozialistischen Bewußtseins.
Das sozialistische Rechtsbewußtsein ist ein grundlegender Bestandteil des sozialistischen Bewußtseins und damit ein gewichtiger Faktor, der auf vielfältige Weise die wachsende politisch-moralische Einheit des Volkes nicht nur ausdrückt, sondern zugleich auch vermittelt. Die Festigung der sozialistischen Staats- und Rechtsordnung, die Entwicklung der sozialistischen Demokratie, die Entfaltung der sozialistischen Lebensweise, die Vervollkommnung der staatlichen Leitung und Planung wie auch das staats-

---

[1] K. Marx/F. Engels, Werke, Bd. 21, Berlin 1962, S. 298.
[2] W. I. Lenin, Werke, Bd. 26, Berlin 1961, S. 283.
[3] Ebenda.
[4] Vgl. W. I. Lenin, Werke, Bd. 27, Berlin 1960, S. 231.

bürgerliche Engagement des Bürgers sind unmittelbar mit der Festigung des Rechtsbewußtseins verbunden. Demzufolge orientierte die Partei darauf, die Einhaltung des Rechts und die bewußte Disziplin zu einer Gewohnheit der Menschen zu machen. Das findet auch seinen Niederschlag im Beschluß des Politbüros der SED vom 7. Mai 1974 über die nächsten Aufgaben zur Erläuterung des sozialistischen Rechts sowie zur Festigung und weiteren Entwicklung des Rechtsbewußtseins der Werktätigen.

Diese Politik unserer Partei hat einen tiefen Widerhall in der täglichen Praxis gefunden. Gegenwärtig ringen mehr als 80 000 Kollektive in den Betrieben, Städten und Dörfern um den Titel „Bereich der vorbildlichen Ordnung, Disziplin und Sicherheit"[5]. In zahlreichen Betrieben wird der Rechtserziehung, der Festigung von Gesetzlichkeit, Ordnung, Sicherheit und Disziplin erhöhte Aufmerksamkeit geschenkt. Das führte zu einer Stärkung der Arbeitsmoral, einer besseren Ausnutzung der Arbeitszeit, zur konsequenteren Einhaltung der Qualitätsanforderungen und zur Entwicklung einer für die Steigerung der Leistungskraft unserer Wirtschaft günstigen Atmosphäre der Unduldsamkeit der Arbeiter gegenüber Mängeln und leichtfertigem Umgang mit dem Volkseigentum. Gleichzeitig zeigte sich in diesen Betrieben eine bemerkenswerte Senkung der Havarien, Brände und Arbeitsunfälle.

So ist z. B. die Zahl der Arbeitsunfälle in der DDR seit dem VIII. Parteitag um 20 Prozent zurückgegangen.[6] In dieser Hinsicht gibt es hervorragende Initiativen, z. B. im Chemiekombinat Buna. Ein anderes Beispiel ist das Kollektiv des Kombinates Elektro-Apparate-Werke Treptow, das unter der Losung „Wer Ordnung gesät hat, wird Produktivität ernten" den Wettbewerb für eine vorbildliche Ordnung, Sicherheit und Disziplin führte. Auch hier weist z. B. die Statistik als Ergebnis aus, daß die Unfälle von 1973 zu 1974 um 6,7 Prozent zurückgingen. Im ersten Halbjahr 1975 sanken sie im Verhältnis zum Vergleichszeitraum des Vorjahres um 11,4 Prozent.[7]

In den vielen Betrieben der Industrie, der Landwirtschaft, des Handels und des Verkehrswesens wurde eine bessere Auslastung der Arbeitszeit und eine Senkung der Ausfallstunden erreicht. Die Auffassung, Wertvorstellungen und Gefühle der Arbeiter in den Kollektiven und Brigaden zur Einhaltung der Gesetzlichkeit, Ordnung, Sicherheit und Disziplin haben sich dahingehend verändert, daß sie diese Aufgabe in zunehmendem Maße als eine Sache der Arbeitsehre betrachten.

Es erhöhte sich die Unduldsamkeit der Werktätigen und ihrer Kollektive gegenüber Rechtsverletzungen. Die Werktätigen nehmen ihre Erziehungsfunktion in den Kollektiven gegenüber Rechts- und Disziplinverletzern wirksamer wahr, und die Achtung vor dem Gesetz verstärkt sich. Auch die Anzahl der ehrenamtlich arbeitenden Bürger in den Betrieben und Wohngebieten hat sich erhöht. Neue Organisationsformen, wie die Kommissionen für die Rechtserziehung, Beratungsgremien bei den örtlichen Räten u. a., entwickelten sich.

Es ist eine entscheidende Aufgabe der Staats- und Rechtswissenschaft, zur Verwirklichung der von der Partei gestellten Aufgaben ihren spezifischen Beitrag zu leisten. Er umfaßt sowohl die unmittelbare Teilnahme an der massenwirksamen populär-

---

5 Vgl. ND vom 4. 12. 1975, S. 3.

6 Vgl. ND vom 20. 11. 1975, S. 3.

7 Vgl. ebenda.

wissenschaftlichen Propaganda als auch die wissenschaftliche Bearbeitung der Rolle des Rechtsbewußtseins und die weitere Erhöhung des theoretischen Niveaus der rechtswissenschaftlichen Forschung auf jenen Gebieten, die für die Entwicklung des sozialistischen Rechtsbewußtseins besonders wichtig sind.

Eine Grundfrage besteht in der weiteren Ausarbeitung der Wesenszüge und der gesellschaftlichen Bedeutung des Rechtsbewußtseins im Prozeß der Gestaltung der entwickelten sozialistischen Gesellschaft.

Sicherlich sind gegenwärtig verschiedene Meinungen darüber anzutreffen, welche Erscheinungen im einzelnen Rechtsbewußtsein sind, wie seine Struktur beschaffen ist, wie es mit anderen Bewußtseinsinhalten, z. B. der Moral, auf die Regulierung menschlichen Verhaltens wirkt, welche Rolle es bei der freiwilligen und bewußten Einhaltung der rechtlichen Forderungen spielt, in welcher Weise es zur Stärkung der sozialistischen Staatlichkeit und zur Weiterentwicklung der sozialistischen Demokratie beiträgt usw.

Wenn man die verschiedenen Definitionen des Rechtsbewußtseins analysiert, wird man aber im Wesen Übereinstimmung feststellen: Es ist Bestandteil des Klassenbewußtseins der Arbeiterklasse.

So hat es sich historisch herausgebildet, so wirkt es gegenwärtig, und so wird es sich auch künftig weiterentwickeln. Diese Aussage schließt zugleich ein, daß seine Definition als eine besondere „Form" bzw. eine besondere „Art" des sozialistischen Bewußtseins niemals dazu führen darf, es zu verselbständigen und vom Klassenbewußtsein unabhängig und getrennt darzustellen. Darin, daß das Rechtsbewußtsein Bestandteil des Klassenbewußtseins der Arbeiterklasse ist, ist zugleich eingeschlossen, daß es seine entscheidenden Impulse von der Theorie des Marxismus-Leninimus erhält. Diese Ausgangspunkte sind insofern unerläßlich, als es unmöglich ist, das Rechtsbewußtsein auf „Normenbewußtsein", d. h. auf den Fakt der Kenntnis bzw. der Nichtkenntnis einer Rechtsvorschrift, auf das bloße Wissen über das Recht, zu reduzieren. Wollte man es darauf beschränken, so wäre es vielleicht bestenfalls geeignet, dem Menschen „gute Manieren" beizubringen. Möglicherweise würde es bei vielen Menschen zu der Erkenntnis führen, daß man als gebildeter und kulturvoller Mensch über Rechtskenntnisse verfügen muß, die Rechtsvorschriften einzuhalten hat und im eigenen Interesse eine Bestrafung vermeidet. Es ist keine Frage, daß der Mensch in der sozialistischen Gesellschaft, der ein hohes kulturelles Niveau und ein großes Maß an Bildung besitzt, auch über ein hohes Maß an Rechtskenntnissen verfügt. Ein hoher Stand der Bildung und Kultur der sozialistischen Persönlichkeit schließt die Kenntnis unseres Rechts ebenso ein wie eine allgemein achtungsvolle Einstellung gegenüber seinen Normen. Das kann nicht anders sein, weil das Recht in unserem Staat selbst eine maßgebliche Errungenschaft der Kultur und Bildung darstellt und für die Formung der sozialistischen Persönlichkeit von hervorragender Bedeutung ist. Dennoch ist aber sozialistisches Rechtsbewußtsein damit noch nicht genügend charakterisiert. Der Kern des sozialistischen Rechtsbewußtseins ist vor allem seine ideologische Seite, sein handlungsbewertender und handlungsmotivierender Effekt. Es geht vor allem darum, daß die im Rechtsbewußtsein verankerten Wertvorstellungen der Arbeiterklasse von Gerechtigkeit, Humanismus und Gesetzlichkeit möglichst breit zur Geltung kommen. Sie sind als Prinzipien im sozialistischen Recht ausgeprägt und bilden eine Einheit mit den Rechten und Pflichten in der sozialistischen Gesellschaft, eine Einheit von Verantwortung, Verantwortlichkeit und aktiver bewußter Verwirklichung der sozialistischen Rechtsordnung. Das heißt, das Rechtsbewußtsein ist eine wichtige ideologische Grundlage der bewußten Tätigkeit im Sinne der Festigung der sozialistischen Staats- und Rechtsordnung.

Es handelt sich um die Gesamtheit der Anschauungen der Arbeiterklasse über das sozialistische Recht und die Verhaltensweisen der Menschen, die voll mit der sozialistischen Rechtsordnung übereinstimmen. Diese beruhen auf der wissenschaftlichen Grundlage des Marxismus-Leninismus sowie auf emotionalen Beziehungen der Arbeiterklasse in bezug auf das sozialistische Recht, seinen Charakter, sein Wesen und seine Prinzipien. Zum Rechtsbewußtsein gehört auch die Überzeugung von der Notwendigkeit, unser Recht strikt einzuhalten. Das sozialistische Rechtsbewußtsein schließt das Verständnis über den Sinn sowie die politische und soziale Bedeutung der Rechte und Pflichten, die Erkenntnis, daß die sozialistische Persönlichkeit nicht nur oder vor allem Rechte hat, sondern sich in entscheidendem Maße durch die gewissenhafte Erfüllung ihrer Pflichten auszeichnet, ein. Schließlich bedeutet sozialistisches Rechtsbewußtsein die Verurteilung von Verletzungen des sozialistischen Rechts, von Erscheinungen der Ungerechtigkeit und Ungesetzlichkeit. Wenn wir fordern, eine Atmosphäre der Unduldsamkeit und der allseitigen moralischen Verurteilung von Rechtsverletzungen zu schaffen, ist diese Seite des Rechtsbewußtseins angesprochen. Sicherlich gehören noch mehr Faktoren zum sozialistischen Rechtsbewußtsein, z. B. die Überzeugung von der Notwendigkeit des Einstehenmüssens für Rechtsverletzungen. Sie sollen im einzelnen hier nicht weiter genannt werden.

Von größter Bedeutung ist es, sich über die Konsequenzen für das sozialistische Rechtsbewußtsein klarzuwerden, die sich aus den neuen gesellschaftlichen Entwicklungsprozessen ableiten. Wovon haben wir bei der weiteren Entwicklung des sozialistischen Rechtsbewußtseins in der DDR auszugehen?

1. Die Gestaltung der entwickelten sozialistischen Gesellschaft vollzieht sich als ein hochorganisierter gesellschaftlicher Prozeß, in dem das Recht eine wachsende leitende, organisatorische und erzieherische Rolle spielt. Er ist unvereinbar mit kleinbürgerlich-anarchistischen und spontanen Elementen. Planmäßigkeit, bewußte Disziplin und sozialistische Gesetzlichkeit sowie Demokratie bilden eine Einheit. Das sozialistische Rechtsbewußtsein ist für diesen Prozeß ein aktivierender Faktor. Insbesondere gilt dies auch für den gesamten Bereich der Wirtschaftstätigkeit, die Plan- und Vertragstreue und die konsequente Wahrung der Rechte der Arbeiter sowie für die Einhaltung der sozialistischen Arbeitsdisziplin. Im Prozeß der weiteren Gestaltung der entwickelten sozialistischen Gesellschaft werden sich die Beziehungen zwischen sozialistischer Demokratie und Rechtsbewußtsein weiter intensivieren. Das Rechtsbewußtsein kann nur unter den Bedingungen der sozialistischen Demokratie entstehen und vervollkommnet werden. Aber umgekehrt hängt die Wirksamkeit der sozialistischen Demokratie im Leben nicht zuletzt davon ab, welche Auffassungen und Überzeugungen die Menschen von ihren Rechten und Pflichten, vom Rang und von der Bedeutung der rechtlich geregelten und garantierten Formen und Institutionen unserer Demokratie haben.

2. Die Gestaltung der entwickelten sozialistischen Gesellschaft ist aufs tiefste verbunden mit der schrittweisen Herausbildung der sozialistischen Lebensweise. Eine entscheidende Seite hierbei ist die Herausbildung und die allgemeine Stabilisierung sozialistischer Verhaltensweisen und -maßstäbe, die die gesellschaftlichen Beziehungen prägen und die Persönlichkeitsentwicklung fördern. Die Motivationen hierfür werden

im wesentlichen durch die Rechts- und Moralauffassungen der Mitglieder der Gesellschaft erzeugt. Daraus folgt, daß es nötig ist, sich in wachsendem Maße gerade den positiven Motivationen, die das Rechtsbewußtsein vermittelt und die aus unserem Recht fließen, wie auch dem Mechanismus ihres Umschlagens in praktisches Handeln stärker zuzuwenden. Wenn wir bewußte, schöpferische Verhaltensweisen fördern wollen, müssen wir uns in der Rechtsarbeit auf diese positiven Motivationen stützen und sie voll zur Entfaltung bringen. Eine staatliche Entscheidung wirkt vor allem dadurch, daß sie richtig ist und daß sie zugleich klug und überzeugend begründet wird, daß sie zur Auseinandersetzung, zum Mitdenken und zur Parteinahme zwingt. Dabei muß der handlungsbewertende Aspekt unseres Rechts stärker zum Tragen kommen.

3. Der Kampf gegen Rechtsverletzungen und gegen ihre krasseste Form, die Kriminalität, sowie gegen Störungen durch alte, überholte Gewohnheiten und ideologische Einflüsse von seiten des Imperialismus verlangt die Sicherung der ideologisch-geistigen Fundamente unserer Ordnung und den Kampf zur Überwindung alter Rechts- und Moralauffassungen. Die ständige Festigung des sozialistischen Rechtsbewußtseins ist hierfür von großer Bedeutung.

4. Die massenhafte Durchsetzung des sozialistischen Rechtsbewußtseins und seine ununterbrochene Stabilisierung stehen im direkten Verhältnis zur Wirksamkeit des Kampfes gegen die Kriminalität und andere Rechtsverletzungen sowie für Ordnung und Sicherheit.

Daß das Rechtsbewußtsein im Kampf gegen die Kriminalität und gegen Rechtsverletzungen zusammen mit vielen anderen bewußtseinsmäßigen Faktoren erstrangiges Gewicht hat, wird daran deutlich, daß überall dort, wo die Arbeitskollektive in den Wettbewerb bewußt die Gewährleistung von Sicherheit und Ordnung einbeziehen, erfolgreich Verletzungen der Rechtsvorschriften zurückgedrängt wurden und sich die Atmosphäre von Disziplin, Sicherheit und Ordnung verstärkt. Jedoch überall dort, wo man der Förderung des Rechtsbewußtseins ungenügende Aufmerksamkeit widmet, können selbst die besten Rechtsnormen und Sanktionen nicht der erforderliche Effektivität erzielen.

5. In der sich verschärfenden ideologischen Auseinandersetzung mit der bürgerlichen Ideologie und den opportunistischen Anschauungen spielen die Rechtsauffassungen eine bedeutende Rolle. Äußerst interessant und höchst aktuell sind in diesem Zusammenhang die Darlegungen des Generalsekretärs der KP der USA, Genossen Gus Hall, auf dem XXIV. Parteitag der KPdSU. Er stellte fest, daß heute die Menschen durchaus nicht nur bewegt, welches Gesellschaftssystem die besten materiellen Lebensbedingungen bietet, sondern mehr und mehr, welches System die menschliche Würde und die freie Entfaltung der Persönlichkeit garantiert und welches System die besseren weltanschaulichen, moralischen, geistig-kulturellen und bildungsmäßigen Voraussetzungen dazu bietet. Wie Gus Hall feststellte, wird heute die ganze „Skala der Werte“ in die Waagschale der internationalen Klassenauseinandersetzung geworfen.[8] So erklärt es sich, daß sich um die Frage, welches Gesellschaftssystem in der Lage ist, Gerechtigkeit, Ordnung, Gesetzlichkeit und Rechtssicherheit real zu schaffen und zu garantieren, ein heftiger ideologischer Kampf entwickelt. Man kann mit Fug und Recht sagen, daß

---

[8] Vgl. „Rede des Genossen Gus Hall auf dem XXIV. Parteitag der KPdSU“, Presse der Sowjetunion (A), 1971, Nr. 49, S. 306.

Gesetzlichkeit, Freiheit, Gerechtigkeit, Rechtssicherheit und Rechtsgleichheit in unserer sozialistischen Wirklichkeit fest verankerte Werte sind, die die Überlegenheit unserer Gesellschaftsordnung real dokumentieren. Sie sind nicht nur für die Lebensinteressen jedes Menschen brennend aktuell, sondern zugleich bedeutende Fakten, nach denen er Staat und Gesellschaft bewertet und auch namhaft sein Handeln gestaltet.

Anna Seghers hob ihre Bedeutung völlig richtig hervor, wenn sie feststellte: „Gerechtigkeit ist das erste, was ein Mensch begreift in der Skala moralischer Werte."[9] Daraus folgt, daß die überzeugende Herausarbeitung des Wesens unserer Rechtsordnung, ihres wahrhaft gerechten und humanistischen Charakters, ihres tiefen Demokratismus und die Auseinandersetzung mit der bürgerlichen Rechtsideologie ein erstrangiges Anliegen der Staats- und Rechtswissenschaft war und bleibt. Wie es Marx und Engels forderten, muß sie – ebenso wie die Auseinandersetzung auf allen Gebieten der Ideologie – helfen, „bei den Arbeitern ein möglichst klares Bewußtsein über den feindlichen Gegensatz von Bourgeoisie und Proletariat herauszuarbeiten",[10] und – um mit Lenin zu sprechen – unabhängig davon geschehen, „in welch modisches und glänzendes Gewand"[11] sich die einzelnen gegnerischen Theorien, Phrasen und Rechtsschulen auch hüllen mögen.

Diese genannten grundlegenden Faktoren zwingen und veranlassen uns dazu, noch tiefer in die Gegenwartsprobleme der Gestaltung des sozialistischen Rechtsbewußtseins und besonders des Wirksamwerdens seiner ideologischen Potenzen einzudringen. Einer wissenschaftlichen Bearbeitung bedürfen im einzelnen viele Probleme, gewiß aber jene, die zur Aufdeckung und Erschließung der Quellen des sozialistischen Rechtsbewußtseins beitragen und der Herausarbeitung der Hauptfaktoren zur Festigung des sozialistischen Rechtsbewußtseins dienen.

Ein erstrangiges Anliegen und eine der dringlichsten Aufgaben ist die Verstärkung der wissenschaftlichen Erforschung des Verhältnisses von Partei und Recht. Das ist von so grundleger Bedeutung, weil letztlich die Bearbeitung des Rechtsbewußtseins durch die Staats- und Rechtswissenschaft fruchtlos wäre. Dies folgt daraus, daß die von der SED ausgearbeiteten, rechtspolitischen Grundsätze und deren praktische Realisierung im Prozeß der Gestaltung und des Ausbaus der sozialistischen Rechtsordnung die Hauptquelle und den Hauptfaktor für die Entwicklung und Festigung der sozialistischen Rechtsanschauungen in der Arbeiterklasse und in zunehmendem Maße in der mit der Arbeiterklasse verbündeten Klasse der Genossenschaftsbauern, der sozialistischen Intelligenz und den anderen Schichten des werktätigen Volkes bilden. Das erfordert, tiefer in den schöpferischen wissenschaftlichen Charakter der Tätigkeit der marxistisch-leninistischen Partei bei der Herausbildung und der ständigen Festigung der sozialistischen Rechtsordnung einzudringen. Es gehört zur wichtigsten Aufgabe der Wissenschaft, nachzuweisen, daß die SED die Auffassungen der Arbeiterklasse und des ganzen werktätigen Volkes über Recht und Gerechtigkeit wissenschaftlich exakt zum Ausdruck bringt und diesen Ideen durch ihre Politik auf der Grundlage der schöpferischen An-

---

[9] A. Seghers, „Der sozialistische Standpunkt läßt am weitesten blicken", Neue Deutsche Literatur, 1974, H. 2, S. 22.

[10] K. Marx/F. Engels, Werke, Bd. 4, Berlin 1959, S. 492 f.

[11] W. I. Lenin, Werke, Bd. 5, Berlin 1955, S. 350.

wendung des Marxismus-Leninismus und durch ihre praktische Leitungstätigkeit gesellschaftliche Kraft und Realität verleiht.
Wesenszüge hierfür sind die von der SED betriebene Politik der rechtlichen Verankerung der bestimmenden Rolle der Arbeiterklasse in unserem Lande, der Freiheiten und Rechte des Volkes, der ständigen Festigung der demokratischen Grundlagen der sozialistischen Rechtsordnung, des ununterbrochenen Ausbaus der ökonomischen und sozialen Sicherheit sowie der Rechtssicherheit der Bürger unseres Staates.
Das alles fand in besonderem Maße im Gesetz über die Ergänzung und Änderung der Verfassung der DDR vom 7. Oktober 1974 und im Vertrag über Freundschaft, Zusammenarbeit und gegenseitigen Beistand vom 7. Oktober 1975 seinen Ausdruck. Sie regeln mit Gesetzeskraft wichtige und grundlegende Interessen der Arbeiterklasse unseres Landes und des ganzen Volkes. Mit ihnen wird vor allem sichtbar, daß die auf dem VIII. Parteitag beschlossene und Schritt für Schritt realisierte Innen- und Außenpolitik der Partei der Arbeiterklasse zur Staatsdoktrin erhoben wurde.
Es ist Aufgabe der Wissenschaft – ausgehend von der Komplexität und Einheit der Politik der Partei –, sowohl die Spezifik der Politik auf dem Gebiet des Rechts für die Verwirklichung der Gesamtpolitik auszuarbeiten, als auch gleichzeitig jene Wechselbeziehungen zu erforschen und bewußt zu machen, die zwischen der Durchsetzung der gesamtpolitischen und der Realisierung der rechtspolitischen Forderungen bestehen. Hierbei ist der zwischen der Politik der reformistischen Parteien und unserer marxistisch-leninistischen Partei auf dem Gebiet des Rechts vorhandene Gegensatz noch schärfer zu kennzeichnen. Während die reformistischen Kräfte in den Ländern des Kapitalismus viel vom Recht reden, sicher aber zugleich often gegen die marxistisch-leninistische Rechtsauffassung und die sozialistische Rechtsordnung wenden, die bürgerlichen Rechtslehren, z. B. von Radbruch, lobpreisen und die BRD als „Sozial- und Rechtsstaat" beweihräuchern, schaffen sie jedoch keine realen Bedingungen für eine Rechtsordnung im Interesse der Arbeiterklasse und des werktätigen Volkes. Die Politik der SED hingegen ist auf die Gestaltung der realen, ökonomischen, politischen und sozialen Bedingungen für die Rechte und Freiheiten der Werktätigen gerichtet.
So ist die Wirtschaftspolitik der SED in Einheit mit der Sozialpolitik zugleich die Realisierung wahrhafter Gerechtigkeit, in der die Interessen des einzelnen mit denen der Gesellschaft eine tatsächliche Übereinstimmung erfahren.
Von großer Bedeutung für die Festigung des sozialistischen Rechtsbewußtseins ist auch die mit der KPdSU und den anderen marxistisch-leninistischen Parteien der Länder der sozialistischen Staatengemeinschaft abgestimmte Außenpolitik unserer Partei. Das jahrzehntelange Ringen im internationalen Maßstab um die Anerkennung und Durchsetzung unseres Selbstbestimmungsrechts und unserer Souveränität hinterließ tiefe Spuren im Rechtsbewußtsein der Massen hinsichtlich der Beurteilung internationaler Prozesse vom Standpunkt der Gerechtigkeit bzw. des Unrechts, der Achtung und Wahrung der Freiheit der Völker durch die Sowjetunion und die anderen Länder der sozialistischen Staatengemeinschaft bzw. der Mißachtung der Freiheit, des Selbstbestimmungsrechts und der Souveränität durch imperialistische Staaten.
Notwendig ist die wissenschaftliche Bearbeitung des Wirkens der Partei als führende Kraft unserer Gesellschaft im Kampf um die Verwirklichung der Gesetze. Dieser Kampf hat einen tiefgreifenden Einfluß auf das sozialistische Rechtsbewußtsein, und er vollzieht sich faktisch in allen Formen der Arbeit der Partei. Eine markante Seite

in dieser Hinsicht ist der Kampf um die ständige Erhöhung der Achtung und Autorität der Gesetze und die gewaltige ideologische und organisatorische Arbeit der Partei für die konsequente Realisierung der Forderungen des sozialistischen Rechts.
Eine nicht weniger wichtige Aufgabe unserer wissenschaftlichen Arbeit besteht darin, viel tiefgründiger und überzeugender die Wesenszüge unserer sozialistischen Rechtsordnung auszuarbeiten und dabei den zentralen Kategorien der Rechtswissenschaft, die für die Entwicklung des Rechts und des Rechtsbewußtseins relevant sind, größere Aufmerksamkeit zu widmen. Das ist zugleich eine Grundfrage für die rechtspropagandistische Arbeit.
Wenn es generell in der rechtspropagandistischen Arbeit darum geht, nicht einfach pragmatische Erläuterungen von Rechtsakten vorzunehmen, sondern die Rechtsprobleme vom Standpunkt des Marxismus-Leninismus und der Verstärkung des ideologischen Einflusses der Weltanschauung der Arbeiterklasse zu behandeln, so bedarf die propagandistische Arbeit vor allem in dieser Hinsicht der Unterstützung durch die Wissenschaft.
Die Frage nach unserem wissenschaftlichen Beitrag im Kampf um die Erhöhung und Festigung des Rechtsbewußtseins ist darin zu sehen, wie die Staats- und Rechtswissenschaftler mit ihren spezifischen wissenschaftlichen Erkenntnissen, Mitteln und Methoden helfen, die theoretisch-ideologischen Grundprobleme auszuarbeiten. Wesentliche gesellschaftliche Prozesse, die unmittelbar mit der Entwicklung und Verwirklichung des Rechts zusammenhängen, müssen dringend erforscht und eingehender erfaßt werden. Nehmen wir z. B. einen der hervorragendsten Wesenszüge der sozialistischen Demokratie, nämlich die Tatsache, daß die Gesetze der Arbeiter-und-Bauern-Macht unter der Führung der marxistisch-leninistischen Partei buchstäblich mit dem gesamten Volke vorbereitet werden.
Das Gesetz über die örtlichen Volksvertretungen und ihre Organe wurde in etwa 60 000 Veranstaltungen von den örtlichen Volksvertretungen, Räten, Kommissionen der Volksvertretungen, Betrieben, Genossenschaften und Bürgern in den Wohngebieten diskutiert. Mehr als eineinhalb Millionen Bürger beteiligten sich an der öffentlichen Diskussion des Gesetzentwurfs. Rund 4 300 Vorschläge zur Änderung und Ergänzung des Entwurfs wurden dem Ministerrat unterbreitet, von denen viele in dem von der Volkskammer beschlossenen Gesetz berücksichtigt wurden. Ein bestimmendes Merkmal ist dabei, daß die Aussprache zum Gesetzentwurf mit der Durchführung des Volkswirtschaftsplanes 1973 verbunden war und vielfältige Initiativen zur Steigerung der Konsumgüterproduktion, zur Verbesserung der Wohnverhältnisse und zur Verschönerung der Städte, Gemeinden und Wohngebiete, zur Schaffung von Kindergärten- und Kinderkrippenplätzen, zur besonderen sozialen Betreuung hilfsbedürftiger Bürger sowie zur Gestaltung eines interessanten und vielseitigen geistig-kulturellen Lebens ausgelöst wurden. Die öffentliche Diskussion förderte das Zusammenwirken der örtlichen Staatsorgane mit den im Territorium liegenden Betrieben, Kombinaten, Genossenschaften und Einrichtungen. Im Ergebnis dieser umfassenden Gesetzesdiskussion, an der sich eine große Anzahl von Abgeordneten der örtlichen Volksvertretungen aktiv beteiligte, erhöhten sich Rolle und Autorität der örtlichen Volksvertretungen und ihrer Abgeordneten. Zugleich wurde damit der Boden für das Wirksamwerden und die konsequente Durchführung dieses Gesetzes bereitet.
In einer mehrere Monate währenden umfassenden Diskussion fand der Entwurf

des Jugendgesetzes sowohl unter den Jugendlichen als auch bei den anderen Werktätigen Zustimmung. Über 5,4 Millionen Bürger nahmen an über 240 000 Veranstaltungen teil. Mehr als 68 000 Zustimmungserklärungen, Briefe und Stellungnahmen zum Entwurf konnten registriert werden.

Ein weiteres Beispiel für die aktive Rolle des Rechtsbewußtseins bei der Gesetzgebung ist auch die Diskussion des Entwurfs des Zivilgesetzbuches.

Über 260 000 Werktätige besuchten von November 1974 bis März 1975 die hierzu durchgeführten 8 500 Veranstaltungen. Der Volkskammer wurden insgesamt 4 091 Vorschläge, Hinweise und Stellungnahmen zum Gesetzentwurf übergeben.

Der demokratische Charakter der Gesetzgebung, in dem sich die wahre Freiheit und die Souveränität des Volkes widerspiegeln und in der die Einheit von Partei, Staat und Volk einen prägnanten Ausdruck erhält, gehört der sozialistischen Rechtsordnung, die im herrschenden sozialistischen Rechtsbewußtsein der Werktätigen eine feste, allgemeine und stabilisierende Verankerung erfahren müssen. Es ist Aufgabe der Wissenschaft, das sich hier vollziehende Schöpfertum des Volkes im gesellschaftlichen Rechtsbewußtsein zu veranschaulichen, die Stellenwerte dieser Prozesse herauszukristallisieren und gerade an solchen Prozessen den tiefgreifenden historischen Abstand der sozialistischen Rechtsordnung von der bürgerlichen Rechtsordnung herauszuarbeiten. Es ist unsere Aufgabe, in der Konfrontation der Ideen und Anschauungen über das Recht durch das Bewußtmachen solcher entscheidenden Gesellschaftsprozesse die Bewußtseinsbildung zugunsten der sozialistischen Rechtsideologie zu beeinflussen und deren Überlegenheit überzeugender nachzuweisen. Die wissenschaftliche Analyse und die theoretische Wertung des Rechtsschöpfungsprozesses sowie der demokratischen Grundlagen der Gesetzgebung sind von hervorragender Bedeutung für die Erhöhung des Niveaus der theoretischen Arbeit.

Größere Aufmerksamkeit wird auch der stärkeren theoretischen Bearbeitung solch wichtiger zentraler Kategorien der Rechtswissenschaft wie der rechtlichen Verantwortlichkeit und der Schuld gewidmet werden müssen. Seitdem es Recht gibt und sich die Wissenschaft mit dieser Materie beschäftigt, bilden die Begriffe Verantwortlichkeit und Schuld Brennpunkte der wissenschaftlichen Arbeit und der Auseinandersetzung.

Was die reaktionäre Jurisprudenz und Rechtswissenschaft in bezug auf die Verantwortung und Schuld hervorgebracht haben und wie sie diese zentralen Kategorien im Interesse der Ausbeuterklassen für die Gesetzgebung und in der Rechtsprechung angewandt, verdreht und verzerrt haben, ist uns zur Genüge bekannt. Lenin war es, der z. B. bereits im Jahre 1901 in seines bedeutenden Aufsatz „Prügle, aber nicht zu Tode" am Beispiel der damaligen zaristischen Klassenjustiz die „höchst raffinierte richterliche Kunst" brandmarkte, mit der Schuld und Verantwortlichkeit gegen das werktätige Volk manipuliert werden. Er schrieb: „Die Sprache ist dem Menschen gegeben, damit er seine Gedanken verberge – sagen die Diplomaten. Gesetze werden gegeben, damit der Begriff der Schuld und der Verantwortung verdreht werde – können unsere Juristen sagen."[12] Lenin sprach in diesem Zusammenhang vom „richterlichen Rechtsverdreher".[13] Die von ihm geführte Polemik hat auch heute noch ihre Aktualität.

---

[12] W. I. Lenin, Werke, Bd. 4, Berlin 1955, S. 390 f.

[13] a. a. O., S. 391.

In den Händen des Ausbeuterstaates und seiner Justiz fungieren die Kategorien der Verantwortlichkeit und Schuld letztlich stets als juristische Instrumente blinder Unterwerfung, Vereinzelung und Entgegensetzung der Menschen. In allen philosophisch unterschiedlich begründeten Spielarten laufen die von der Ausbeutergesellschaft hervorgebrachten und im Recht praktizierten Konzeptionen zur Verantwortlichkeit und Schuld im Kern stets auf eines hinaus: den mit dem Recht des Ausbeuterstaates in Konflikt geratenen Menschen selbst, seinen „bösen Willen", seine „rechtsfeindliche Gesinnung" usw. als die eigentliche Wurzel des Rechtskonflikts auszugeben. Alle Konzeptionen führen schließlich weg von der Untersuchung eben jener Gesellschaftsverhältnisse, die mit ihrem Wolfsgesetz, der Ausbeutung des Menschen durch den Menschen, der Entfremdung und Entpersönlichung des Menschen und des Kampfes jedes gegen jeden die elementarste und tiefste Quelle massenhafter sozialer und rechtlicher Konflikte – auch in Gestalt von Kriminalität – bilden.

Wir haben in unserer Rechtsordnung einen völligen Bruch mit diesen Konzeptionen und Praktiken vollzogen.

Die Rechtskategorien Verantwortlichkeit und Schuld haben in den sozialistischen Gesellschaftsverhältnissen ihre realen Fundamente. Verantwortlichkeit und Schuld sind Grundpfeiler des sozialistischen Rechts für die Realisierung seiner schützenden und erzieherischen Aufgaben. Sie haben ein progressiv gestaltendes und ein zutiefst humanistisches Wesen. Darin liegt die Möglichkeit begründet, daß sie einen großen und nachhaltigen Einfluß auf die Formung des Rechtsbewußtseins ausüben.

Aus diesem Grund sind die gesellschaftlichen Prozesse stärker zu durchleuchten, in denen die rechtliche Verantwortlichkeit und Schuld im Sozialismus wirksam werden. Weil in unserer Gesellschaft die Arbeiterklasse und ihre Verbündeten bei der Gestaltung der entwickelten sozialistischen Gesellschaft erreicht haben, daß die materiellen und geistigen Bedingungen für ein gesellschaftlich verantwortungsgemäßes und menschenwürdiges Handeln jedes Gesellschaftsmitglieds grundsätzlich vorhanden sind und beständig ausgebaut werden und damit rechtlichem Fehlverhalten der soziale Boden Schritt um Schritt entzogen wird, ist es ebenso notwendig, gerecht und geschichtlich legitim, daß von der sozialistischen Gesellschaft jene als persönlich Schuldige und Verantwortliche zur Rechenschaft gezogen werden, die sich verantwortungslos über die ihnen real gegebenen positiven gesellschaftlichen Verhaltensalternativen mit einem Rechtsbruch hinwegsetzen.

Die Gestaltung der sozialistischen Gesellschaft verlangt die weitere theoretische Ausarbeitung derartiger zentraler Fragen der Rechtsetzung und Rechtsanwendung. Schließlich beschäftigt sich jedes Gesetz vor allem und in erster Linie mit der Verantwortung der rechtlichen Verantwortlichkeit und damit auch mit dieser oder jener Seite der Schuld. In der Problematik der rechtlichen Verantwortlichkeit kulminieren Grundfragen unserer gesamten Gesellschaftsentwicklung, der Prinzipien, nach denen unsere Gesellschaft organisiert ist, der Stellung des einzelnen in der Gesellschaft, der Fragen des Verhaltens zum sozialistischen und zum persönlichen Eigentum, zur Staats- und Plandisziplin usw. Sie wurzelt also zutiefst in der gesellschaftlichen Verantwortung des Menschen. Im einzelnen sind vielfältige Fragen aufgeworfen. So führen z. B. die wachsenden Dimensionen der Wirtschaft zu einer ständigen Erhöhung der Verantwortung jedes Werktätigen in der Gesellschaft. Der Ausstattungsgrad mit Grundmitteln je Werktätigen lag 1974 bei über 72 000 Mark, und er wird sich zukünftig noch

wesentlich erhöhen.[14] Das heißt, viele Arbeiter und Ingenieure, aber auch Genossenschaftsbauern tragen heute eine gewaltige Verantwortung für die ihnen anvertrauten hochkomplizierten und für die Gesellschaft äußerst wertvollen Grundmittel.
Ebenso wächst auf den verschiedenen Leitungsebenen der Umfang der Verantwortung für Staatsfunktionäre, Betriebsleiter u. a. Auch im sozialpolitischen und kulturellen Bereich vollzieht sich ein solcher Prozeß. All das führt hin zur Dringlichkeit und Notwendigkeit, die Probleme der rechtlichen Verantwortung und Verantwortlichkeit, ausgehend von der wachsenden gesellschaftlichen Verantwortung im Sozialismus, tiefgreifender sowohl vom Gesichtspunkt der rechtswissenschaftlichen Fachdisziplinen als auch vom Gesichtspunkt der Rechtstheorie zu behandeln. Natürlich haben wir entsprechende Formulierungen für die Verantwortlichkeit und die Schuld in unseren Gesetzen gefunden, die den Gerechtigkeitsvorstellungen der Arbeiterklasse entsprechen. Auch in den Lehrbüchern gibt es Erläuterungen zu den Begriffen. Aber es sind noch tiefgründigere theoretische Analysen unserer gegenwärtigen sozialistischen Praxis nötig sowie wissenschaftliche Verallgemeinerungen, die das Problem in seiner gesamtgesellschaftlichen Relevanz erfassen und damit auch einen Teil der Persönlichkeitsentwicklung und -formung unter den Bedingungen der Gestaltung der entwickelten sozialistischen Gesellschaft theoretisch klarer widerspiegeln.
Wenn Aufklärungsarbeit in den Betrieben, Wohngebieten usw. durchgeführt wird und die Werktätigen völlig zu Recht das Bedürfnis haben, über ihre Rechte und Pflichten genau Bescheid zu wissen, dann müssen die Propagandisten dies hinführen bis zu den zentralen Kategorien unseres Rechts, bis zum Wesen der im Gesetz geregelten und geforderten Verantwortung, besonders zu ihrem politischen, moralischen und rechtlichen Gehalt und zum Wesen des Schuldbegriffs im Sozialismus.
Verantwortlichkeit und Schuld sind nicht nur Kategorien für juristische Spezialisten. Sie berühren im Grunde genommen täglich das Denken und Handeln der Menschen, die Bewertung bestimmter Handlungen durch sie, die Erziehung zur Rechtsdisziplin und den Kampf um die Verhinderung von Rechtsverletzungen. Wenn die Staats- und Rechtswissenschaftler aufgerufen sind, sich gründlicher mit der Gestaltung der sozialistischen Lebensweise zu beschäftigen, dann müssen seitens der Staats- und Rechtswissenschaft jene Probleme der Lebensweise in der sozialistischen Gesellschaft herausgearbeitet werden, in denen die außerordentlich vielfältigen Wechselbeziehungen zwischen der sozialistischen Rechtsordnung und der sozialistischen Lebensweise sichtbar werden und in denen die Regeln des sozialistischen Rechts sowie deren Achtung und Einhaltung als feste Bestandteile der sozialistischen Lebensweise wissenschaftlich nachgewiesen werden. Die eingehende Bearbeitung solcher Probleme wie der rechtlichen Verantwortung bedeutet auch echtes Vorstoßen zu den Fragen der Gestaltung der sozialistischen Lebensweise, wie wir sie als Staats- und Rechtswissenschaftler zu stellen und zu beantworten haben.
Das ist nicht nur ein erstrangiges Anliegen der Rechtstheorie, sondern auch der juristischen Fachdisziplinen. Sie haben die Aufgabe, gerade aus der Sicht der Fachdisziplin solche theoretischen Grundprobleme aufzugreifen und zu beantworten. Rechtstheorie und Fachdisziplinen müssen einen wesentlichen Beitrag dafür leisten, daß die theoretischen Grundprobleme der Rechtswissenschaft, wie sie sich heute für die Gestaltung

[14] Vgl. 15. Tagung des ZK der SED. Aus den Diskussionsreden, Berlin 1975, S. 181.

der entwickelten sozialistischen Gesellschaft zeigen, schneller und mit höherer Effektivität gelöst werden. Das erfordert, in einem hohen Maße wissenschaftliches Neuland zu beschreiten, die praktischen Erfahrungen der Werktätigen im Rechtsschöpfungs- und Rechtsverwirklichungsprozeß zu erschließen und die Entwicklung der bewußten Rechtsdisziplin und des Kampfes um Sicherheit und Ordnung in den sozialistischen Arbeitskollektiven, die demokratische Mitwirkung bei der Anwendung des sozialistischen Rechts und die Einbeziehung in die Kontrolle über die Einhaltung der sozialistischen Gesetzlichkeit zu analysieren. Ferner müssen die erfolgreichsten Formen der Arbeit der staatlichen Organe im Kampf gegen die Kriminalität und andere Rechtsverletzungen sowie durch Durchsetzung einer hohen Vertragsdisziplin in der sozialistischen Wirtschaft untersucht werden.

Von prinzipieller Bedeutung ist in diesem Zusammenhang die Bewegung „Vorbildliche Ordnung und Sicherheit“ in den Betrieben, Städten und Gemeinden.

Die Entstehung und Entwicklung der gesellschaftlichen Massenbewegung zur Schaffung von „Bereichen der vorbildlichen Ordnung und Sicherheit“ als Bestandteil des sozialistischen Wettbewerbs zeugt von dem zunehmenden Interesse der arbeitenden Menschen an ihrem Recht und von ihrer gewachsenen Fähigkeit und Bereitschaft, sich für seine Durchsetzung und Einhaltig aktiv einzusetzen.

Diese Initiative entstand in den fortgeschrittensten Arbeitskollektiven der sozialistischen Großindustrie als Ergebnis der politisch-ideologischen Überzeugungs- und Erziehungsarbeit und einer konkreten und lebendigen Rechtserziehung im gesamten kollektiven Arbeits-, Lebens- und Leitungsprozeß. In den vorbildlichen Bereichen hat sich die Erkenntnis Bahn gebrochen, daß Gesetzlichkeit, Ordnung und Sicherheit bedeutende Reserven und Potenzen des ökonomischen und sozialen Fortschritts darstellen und eine wesentliche Seite der Arbeitsmoral und -kultur bilden.

Der Kampf um die Anerkennung als vorbildlicher Bereich erweist sich zugleich selbst als eine wirksame Form der Rechtserziehung in der täglichen Gesellschaftspraxis, die sich in einer konkreten und erlebnisfähigen Weise vollzieht. In den Wettbewerbsprogrammen sind konkrete Verpflichtungen enthalten, die sich auf die Aneignung notwendiger Renchtskenntnisse oder auf die Anwendung bestimmter Methoden der Rechtserziehung beziehen. So werden die „Tage der sozialistischen Kollektive“ dazu genutzt, über Probleme des Rechts und der Gesetzlichkeit zu sprechen, der Erwerb von Befähigungsnachweisen wird angestrebt usw.

Das Wesentliche ist jedoch, daß mit der Einbeziehung dieser Aufgaben in den sozialistischen Wettbewerb dessen erzieherische Wirkung auch für die Rechtserziehung freigesetzt wird. So wie der Wettbewerb zum normalen Lesen des Kollektivs gehört, fördert gerade die Wettbewerbsbewegung um die Anerkennung als vorbildlicher Bereich die Gewöhnung an gesetzliche, geordnete, sichere und saubere Verhältnisse und ein darauf gerichtetes bewußtes Handeln.

Hervorragende Bedeutung für die Festigung des Rechtsbewußtseins hat ferner die Mitwirkung der Werktätigen und ihrer Kollektive bei der Rechtsanwendung.

Allein als Schöffen und Mitglieder gesellschaftlicher Gerichte üben gegenwärtig mehr als 300 000 Werktätige selbst Rechtsprechung aus, und etwa 30 000 bis 50 000 Werktätige sind jährlich im Auftrage ihrer Kollektive als Kollektivvertreter, gesellschaftliche Verteidiger und Ankläger sowie durch Übernahme von Bürgschaften in der Strafrechtsprechung tätig. Zehntausende Kollektive tragen mit steigendem Verantwortungs-

bewußtsein durch Kollektivberatungen zur Wahrheits- und Entscheidungsfindung der Gerichte bei und sind um die gesellschaftliche Erziehung der zur Bewährung Verurteilten und der aus dem Strafvollzug Entlassenen bemüht.
Seit dem VIII. Parteitag der SED wurden in diesen Tätigkeitsbereichen sichtbare qualitative Fortschritte erzielt. Bei den Werktätigen verstärkte sich die Erkenntnis, daß sie durch ihr Mitwirken einen tatsächlichen, durch nichts zu ersetzenden Beitrag zur Aufdeckung und Überwindung von Rechtsverletzungen leisten können. Gefördert wurden diese Fortschritte auch durch eine differenzierte und konsequente Strafpolitik.
Größere Aufmerksamkeit muß ebenfalls den Problemen der sozialistischen Leitungskultur in den Staats- und Wirtschaftsorganen gewidmet werden.
Diese zielt darauf ab, die Werktätigen für die bewußte, schöpfersiche Mitarbeit an der Verwirklichung der sozialistischen Staatspolitik, d. h. vor allem der Realisierung der Gesetze der Arbeiter-und-Bauern-Macht, zu gewinnen. Der sich besonders aus Artikel 4 ergebende Verfassungsauftrag, die sozialistische Gesellschaft zu entwickeln und zu schützen, die sozialistische Lebensweise der Bürger zu fördern und ihre Rechte zu garantieren, verlangt von jedem Staatsfunktionär aufmerksames Verhalten zu den Bürgern, die Achtung ihrer Rechte und die strikte Wahrung der Gesetzlichkeit.
Erich Honecker unterstrich auf der 15. Tagung des ZK der SED, daß jeder Leiter „unter Ausschöpfung aller ihm selbst zur Verfügung stehenden Möglichkeiten und gestützt auf die Ideen, Vorschläge und Initiativen der Werktätigen zunächst voll seine persönliche Verantwortung wahrnehmen"[15] muß. Dazu gehört nicht zuletzt die konsequente Verwirklichung des sozialistischen Rechts und die Wahrung der sozialistischen Gesetzlichkeit in allen Phasen des Leitungsprozesses. Man kann sagen: Die sozialistische Leitungskultur schließt eine vorbildliche Arbeit mit dem Recht, seine unbedingte Wahrung und seine Anwendung im Interesse und zum Wohle des Volkes ein. Das verlangt von jedem Leiter, sich ohne jede Enschränkung auf den Boden des sozialistischen Rechts zu stellen, in dem Bewußtsein, daß das sozialistische Recht verbindlicher Willensausdruck der Arbeiterklasse und ihrer Verbündeten ist und Rechtsverwirklichung Kampf um die Durchführung der Politik unserer Partei bedeutet. Alternativen zwischen Zweckmäßigkeit und Gesetzlichkeit kann es im Sozialismus nicht geben.
Sozialistische Gesetzlichkeit in der staatlichen Leitung ist eine Voraussetzung für die gesellschaftliche Wirksamkeit unserer Rechtserziehung und Rechtspropaganda. Die Übereinstimmung von Theorie und Praxis sowie von Wort und Tat fördern das sozialistische Rechtsbewußtsein der Bürger, festigen ihre – im Alltag selbst erlebte – Überzeugung von Gerechtigkeit und Rechtssicherheit in unserem Staat. Dadurch wird der Staatsbürger vearnlaßt, selbst die Gesetze zu achten, ja mehr noch; sich aktiv dafür einzusetzen, daß überall das Recht als Instrument des gesellschaftlichen Fortschritts durchgesetzt wird.
Schließlich ist die weitere Festigung des sozialistischen Rechtsbewußtseins unserer Bürger auch auf das engste mit der ständigen Erhohung der Effektivität der Strafverfolgung und Strafrechtsprechung in unserer Gesellschaft verbunden. Das Gefühl, in Ruhe und geschützt vor Gefährdungen durch kriminelle Handlungen zu leben, be-

[15] Zur Durchführung der Parteiwahlen 1975/76. Aus dem Referat des Genossen Erich Honecker (15. Tagung des ZK der SED), Berlin 1975, S. 40 f.

stimmt wesentlich das Vertrauensverhältnis der Bürger zur Politik der Partei und zum Staat. So trägt z. B. die hohe Aufklärungsquote der Straftaten in der DDR dazu bei, die Stabilität der Rechtsordnung zu verstärken und das Gefühl der Rechtssicherheit unserer Bürger zu festigen. Große Bedeutung dafür, daß die Werktätigen sich mit der Tätigkeit der Justizorgane immer mehr identifizieren, haben auch eine hohe Verhandlungskultur, überzeugende Urteile und Entscheidungen, die gerechte und einheitliche Anwendung und Verwirklichung der Maßnahmen der strafrechtlichen Verantwortlichkeit sowie die zügige Reaktion auf begangene Straftaten.

Das alles sind wesentliche Quellen und Faktoren für die Festigung des sozialistischen Rechtsbewußtseins. Sie sind die Ursache für die Stärkung des Vertrauens zur sozialistischen Rechtsordnung. Es ist Aufgabe der Wissenschaft, sich tiefgehender mit ihrer Analyse zu befassen, denn das sind jene gesellschaftlichen Entwicklungsbedingungen und Faktoren, deren wissenschaftliche Durchdringung uns in die Lage versetzt, die Gesetzmäßigkeiten zu erkennen, in denen sich unter der spezifischen Sicht der Festigung der Rechtsordnung und Entwicklung des Rechtsbewußtseins wesentliche Prozesse der Gestaltung der entwickelten sozialistischen Gesellschaft vollziehen.

WOLFGANG WEICHELT

Probleme der Herausbildung und Entwicklung des sozialistisches Rechtsbewußtseins

Es wurde auf der Beratung deutlich, daß das Rechtsbewußtsein eine komplizierte und vielschichtige Erscheinung ist. Entsprechend kompliziert und vielschichtig ist auch seine Entwicklung. Den Gegenstand unserer Arbeit auf diesem Gebiet bildet nicht irgendein, sondern das sozialistische Rechtsbewußtsein, dessen Entwicklung auch das Ziel der gesamten rechtserzieherischen Tätigkeit des sozialistischen Staates und der sozialistischen Gesellschaft ist. Es wurde die Frage gestellt, ob das gesellschaftliche sozialistische Rechtsbewußtsein in objektivierter Form existiert oder ob es nur eine mehr oder weniger abstrakte, gefühlsmäßig erfaßbare ideologische Größe darstellt. Ich teile die Auffassung, daß das sozialistische gesellschaftliche Rechtsbewußtsein in unseren Gesetzen objektiviert ist und dort zum Ausdruck kommt. Gleichzeitig möchte ich aber hinzufügen, daß diese Gesetze der Verwirklichung der Interessen der in unserer Gesellschaft führenden Arbeiterklasse dienen, deren rechtspolitische Forderungen in den Beschlüssen der Partei der Arbeiterklasse, vor allem in den Beschlüssen ihrer Parteitage zum Ausdruck kommen. Deshalb meine ich, daß das gesellschaftliche sozialistische Rechtsbewußtsein vor allem in den rechtspolitischen Forderungen der Partei objektiviert ist, in ihren Beschlüssen und zugleich in den auf diesen Beschlüssen beruhenden Gesetzen zum Ausdruck kommt. In diesen Forderungen und in den Gesetzen finden wir folglich auch den Maßstab für den Entwicklungsstand des individuellen sozialistischen Rechtsbewußtseins der Bürger, der dann zunächst einmal in negativer Hinsicht an der Gesamtziffer zumindest der vorsätzlich begangenen Rechtsverletzungen ablesbar wäre. Das individuelle sozialistische Rechtsbewußtsein könnte man zunächst ganz generell an der bewußten Einhaltung der Gesetze ablesen. Sicherlich ist es richtig, daß nicht jeder Mensch, der die Gesetze einhält, ein hohes sozialistisches Rechtsbewußtsein besitzt. Es gibt bekanntlich viele andere Motive für die Einhaltung von Gesetzen. Aber der Grad ihrer Einhaltung ist dennoch zunächst einmal ein objektiv nachprüfbarer Faktor, der über den Stand des sozialistischen Rechtsbewußtseins eine gewisse Auskunft geben kann.

Ich glaube, daß uns die Gegenüberstellung von Rechtskenntnissen und von Kenntnis über das Wesen des Rechts in der Untersuchung über die Entwicklung des sozialistischen Rechtsbewußtseins nicht weiterbringen kann. Das sozialistische Rechtsbewußtsein ist meines Erachtens weder auf bloße Normenkenntnis einerseits noch auf die Kenntnis des Wesens des Rechts andererseits zu reduzieren. Notwendig ist auf jeden Fall, daß die Kenntnis der Rechtsnormen mit der Kenntnis über das Wesen des Rechts und mehr noch mit der Überzeugung von der Richtigkeit unseres sozialistischen Rechts verbunden wird. Die Kenntnis über das Wesen des sozialistischen Rechts und die Anerkennung

dieses Wesens in dem Sinne, daß es dem persönlichen Handeln und Verhalten des einzelnen zugrunde gelegt wird, ist dann auch der entscheidende Schritt, der das Rechtsbewußtsein mit dem sozialistischen Staatsbewußtsein zu einer Einheit verbindet. Wenn daher im Lehrbuch der marxistisch-leninistischen Staats- und Rechtstheorie das sozialistische Rechtsbewußtsein als Bewußtsein vom geltenden Recht definiert wird, dann ist es meines Erachtens nicht gerechtfertigt, daraus abzuleiten, daß hier lediglich ein Regel- oder Regelungsbewußtsein, d. h. mehr oder weniger Normenkenntnis gefordert sei. Gerade das Bewußtsein vom geltenden Recht schließt die Kenntnis und das Eindringen in das Wesen dieses Rechts ein, denn Bewußtsein ist in jedem Falle mehr als Kenntnis.
Ein wesentlicher Ausgangspunkt für die Untersuchung der Entwicklung des Rechtsbewußtseins im Sozialismus, oder genauer gesagt, des sozialistischen Rechtsbewußtseins,
Einen wesentlichen Ausgangspunkt für die Untersuchung der Entwicklung des Rechtsbewußtseins im Sozialismus, oder genauer gesagt des sozialistischen Rechtsbewußtseins, sehe ich darin, daß im Sozialismus das Verhältnis zwischen gesellschaftlichem und individuellem Rechtsbewußtsein nicht mehr durch antagonistische Klasseninteressen behindert ist. Ich halte diese Erkenntnis für einen ganz bedeutsamen Ansatz aller unserer Untersuchungen auch auf diesem Gebiet.
Im Referat wurde mit Recht hervorgehoben, daß auf der Grundlage der sozialistischen Produktionsverhältnisse die Prozesse der Entwicklung des gesellschaftlichen wie des individuellen Rechtsbewußtseins Formen der Entwicklung des sozialistischen Bewußtseins der Arbeiterklasse, d. h. ihres Klassenbewußtseins und des Hineintragens dieses Bewußtseins in alle anderen werktätigen Klassen und Schichten sind. Diese Feststellung geht davon aus, daß das individuelle, rechtsgemäße und auch rechtswidrige Handeln des Menschen von einem immer konkret bestimmten und bestimmbaren individuellen Bewußtsein abhängig ist, das seinem Wesen nach nicht vom einzelnen aus sich selbst heraus und isoliert von der Gesellschaft hervorgebracht wird, sondern das in den allgemeinen Produktions- und Lebensverhältnissen und auch im herrschenden gesellschaftlichen Bewußtsein seine Wurzel hat. Im Sozialismus sind der Inhalt der sozialistischen Produktionsverhältnisse, die kameradschaftliche Zusammenarbeit und gegenseitige Hilfe, sind die Solidarität der Arbeiterklasse und ihr wachsendes Bewußtsein darüber, daß die Ergebnisse der eigenen Arbeit auch ihnen selbst zugute kommen und daß diese Ergebnisse um so größer sind, je besser und zielstrebiger die Arbeiter und alle anderen Werktätigen ihre kollektive Arbeit organisieren, auch die entscheidende Grundlage für das individuelle Rechtsbewußtsein der Werktätigen. Hier wirken auf die sozialistische Bewußtseinsbildung auch solche Vorzüge der sozialistischen Gesellschaftsordnung wie die politische und die soziale Sicherheit der persönlichen Existenz und der persönlichen Entwicklung in der Gesellschaft.
Natürlich vollzieht sich die Entwicklung dieses Bewußtseins weder gleichmäßig noch gleichförmig bei allen Menschen in der sozialistischen Gesellschaft. Es ist auch heute für die Entwicklung des individuellen Rechtsbewußtseins noch von Bedeutung, welcher Klasse oder sozialen Schicht der einzelne angehört, über lange Zeit angehört hat oder aber vor kurzer Zeit noch zugehörig war. Es zeigen sich bei uns deutlich Unterschiede im Rechtsbewußtsein von Menschen, die schon seit Generationen der Arbeiterklasse angehören, und anderen, die erst im Prozeß der sozialistischen Umgestaltung zur Arbeiterklasse gestoßen sind. Auch gibt es Unterschiede, wie ich meine, im Rechtsbewußtsein zwischen der Arbeiterklasse und der Klasse der Genossenschaftsbauern.

Diese klassenmäßige Bedingtheit der Voraussetzungen für die Entwicklung des sozialistischen Rechtsbewußtseins bringt auch eine Reihe sozialer, sozial-psychologischer und anderer persönlichkeitsbildender Besonderheiten in der Entwicklung des Rechtsbewußtseins und seiner Umsetzung in bewußtes Handeln bei den einzelnen Menschen hervor. Hier sind bei uns, wie mir scheint, noch viele Probleme und Voraussetzungen ungenügend erforscht. Dazu gehört auch folgendes: Zwar ist das gesellschaftliche und das individuelle Rechtsbewußtsein seinem Wesen nach eine einheitliche Erscheinung und auch das Rechtsbewußtsein und das rechtliche Handeln sind eine Einheit. Das ergibt sich aus der anerkannten Einheit von Bewußtsein und Tätigkeit. Aber auch hier gibt es innerhalb dieser Einheit differenzierte Beziehungen und Widersprüche. Eine Reihe auch in unserem Institut durchgeführter Untersuchungen zeigen beispielsweise, daß wir bei Angehörigen der gleichen sozialen Gruppe, auch innerhalb der Arbeiterklasse, sowohl Übereinstimmung als auch Widersprüchlichkeiten zwischen der Kenntnis des Rechts, der Einstellung zum Recht und den Motiven für das persönliche Handeln feststellen können. Das weist uns auch auf die Notwendigkeit einer konkreteren und differenzierteren rechtspropagandistischen und rechtserzieherischen Arbeit hin.
Wir sagen, daß fundierte Rechtskenntnisse eine wesentliche Voraussetzung für die Entwicklung eines stabilen Rechtsbewußtseins sind. Es werden – und dafür wurden heute hier zahlreiche Beispiele angeführt – große Anstrengungen unternommen, um die Vermittlung von Rechtskenntnissen zu verbessern. Dabei konnten wir feststellen, daß es auf bestimmten Gebieten relativ verbreitete und auch beachtliche Rechtskenntnisse gibt. Das betrifft z. B. das Arbeitsrecht bei vielen Arbeitern und auch das LPG-Recht bei vielen Genossenschaftsbauern.
Rechtskenntnis und Rechtsbewußtsein stehen allerdings – ich wies schon darauf hin – auch unserer Erfahrung nach nicht in einem direkten Zusammenhang. Mehr noch: Rechtskenntnis bringt nicht im Selbstlauf sozialistisches Rechtsbewußtsein hervor. Dazu ist in jedem Falle die Kenntnis der Existenzgründe und die persönliche Anerkennung der Ziele, zumindest der entscheidenden Normen des sozialistischen Rechts, die persönliche Identifizierung mit diesen Gründen und Zielen erforderlich, d. h. die Identifizierung mit den dem Recht zugrunde liegenden ethischen Werten der Arbeiterklasse und gesellschaftlichen Erfordernissen der Entwicklung. Stabiles rechtmäßiges Verhalten kann auf die Dauer nur erreicht werden, wenn verfestigte positive Einstellungen zum Recht, zum Inhalt und zu den Zielen der rechtlichen Regelung ausgebildet werden. Darauf auch zielt meines Erachtens die Forderung des VIII. Parteitages ab, „daß überall im täglichen Leben unserer Gesellschaft die Einhaltung des sozialistischen Rechts und bewußte Disziplin zur festen Gewohnheit der Menschen werden“ müsse. Einstellungen und Überzeugungen sind erst im eigentlichen Sinne das, was die Achtung vor dem Recht als positive gesellschaftsgestaltende Handlungsbereitschaft des Menschen ausmacht. Wir wollen ja sozialistisches Rechtsbewußtsein und die ihm entsprechende Achtung vor dem Gesetz nicht als passive Befolgung der Rechtsvorschriften oder als duldsame Unterordnung unter ihre Forderungen, sondern als aktives gesellschaftliches Handeln, als bewußte und schöpferische Verwirklichung des Rechts aus eigener innerer Überzeugung.
Der Verfassungs- und Rechtsausschuß der Volkskammer hat über geraume Zeit hinweg Untersuchungen in drei Bezirken unserer Republik in Großbetrieben und Städten, darunter auch in Wittenberg und im Stickstoffwerk Piesteritz, durchgeführt, um sich ein

Bild über die Entwicklung der Bewegung für vorbildliche Ordnung, Disziplin und Sicherheit zu verschaffen. In dieser Bewegung zeigen sich sehr deutlich Faktoren, die für die Entwicklung des sozialistischen Rechtsbewußtseins bedeutsam sind. Die Entwicklung des sozialistischen Rechtsbewußtseins ist ja kein Selbstzweck, sondern sie soll helfen, viele praktische Probleme unseres gesellschaftlichen Lebens heute und in Zukunft zu lösen.

Vor kurzem konnte eine erste Auswertung dieser Untersuchungen erfolgen. Was zeigt sich dabei in bezug auf unser Thema?

1. Eine bedeutsame Quelle der Entwicklung des sozialistischen Rechtsbewußtseins in unseren sozialistischen Betrieben ist das Bedürfnis der Arbeiter nach Ordnung und Sicherheit im gesamten Betriebsgeschehen, nach einem kontinuierlichen Produktionsablauf, nach rationeller Produktionsorganisation, ihr vorhandenes Interesse an einem sicheren, unfallfreien Arbeitsablauf. Man kann und muß davon ausgehen, daß dieses Bedürfnis elementar und in großem Umfang vorhanden ist. Der unmittelbare Ausgangspunkt sind dabei zunächst nicht Fragen des Rechts und noch viel weniger Fragen des Rechtsbewußtseins, sondern ganz einfach praktische Fragen der Beseitigung von Hemmnissen, die einer Produktivitätssteigerung der Arbeit entgegenwirken. Die offene Diskussion vieler solcher Fragen im Rahmen des sozialistischen Wettbewerbs führt dann fast gesetzmäßig auch zu Fragen der Einhaltung der Rechtsvorschriften auf dem Gebiet des Arbeitsschutzes, der Arbeitsdisziplin usw. Die Diskussion solcher Probleme geht dann auch oft über das unmittelbar mit dem Produktionsgeschehen Verbundene hinaus bis zu Fragen des kulturvollen sozialistischen Lebens und Verhaltens überhaupt. Hier konnte deutlich nachgewiesen werden, wie eng die Fragen der Entwicklung des sozialistischen Rechtsbewußtseins mit den Problemen der Rationalisierung und Intensivierung der Produktion verbunden sind. Es zeigt sich deutlich, daß die Entwicklung des sozialistischen Rechtsbewußtseins nicht beim Rechtsbewußtsein selbst als einer abstrakten Kategorie beginnt, sondern bei der Konfrontation der täglichen faktischen Lebensabläufe mit den gesellschaftlichen Erfordernissen und den tatsächlichen Bedürfnissen und Interessen der Werktätigen. Es zeigte sich auch deutlich, daß die Entwicklung des sozialistischen Rechtsbewußtseins ein langer Prozeß der ideologischen Erziehung und Bildung ist, in dem dann auch jene ethischen Werte zum Vorschein und zum Tragen kommen, von denen Genosse Lekschas hier sehr überzeugend gesprochen hat.

2. Für sichtbare Ergebnisse bei der Entwicklung des sozialistischen Rechtsbewußtseins ist die Leitung der betrieblichen Produktionsorganisation und die Vorbildwirkung der Leiter von großer Bedeutung. Das Beispiel der Leiter bei der vorbildlichen und vorbehaltlosen Einhaltung der Rechtsvorschriften wirkt fördernd auf die Einstellung zum Recht in den Arbeitskollektiven. In diese Wirkung ist das persönliche Gesamtverhalten der Leiter ebenso eingeschlossen wie die Organisation einer vorbildlichen Ordnung und Sauberkeit im Betrieb. Wobei viele Arbeiter den Bogen der Sauberkeit und das Verständnis für Sauberkeit von der Beseitigung der Abfallhaufen im Werk bis zum persönlichen moralischen Verhalten spannen. In diesem Zusammenhang wurde sichtbar, daß eine kontinuierliche Arbeit auf diesem Gebiet auch der Planerfüllung dient. Der VEB Buna-Werke, wo eine besonders intensive und langfristige Arbeit auf diesem Gebiet geleistet wurde, hat beispielsweise während der vergangenen 57 Monate regelmäßig seinen Produktionsplan erfüllt. Hier konnte mit Erfolg die Auseinandersetzung mit der doch noch anzutreffenden Ideologie bzw. dem Argument geführt werden, daß

sich zwischen Planerfüllung und Gesetzlichkeit eine Barriere errichtet. Das drückt sich in der Praxis in folgender Formulierung aus: entweder den Plan erfüllen oder die Gesetze einhalten. Die Bewegung für vorbildliche Ordnung, Disziplin und Sicherheit zeigt umgekehrt, daß die Einhaltung der Gesetze einer Planerfüllung auf der Grundlage sozialistischer Leitungsprinzipien voranhilft.

3. Für die Entwicklung des sozialistischen Rechtsbewußtseins ist das einheitliche Zusammenwirken aller staatlichen Organe und gesellschaftlichen Kräfte nach gemeinsamen Grundsätzen und mit gemeinsamen konkreten Zielen außerordentlich bedeutsam. Es gibt in den Betrieben und auch in den Wohngebieten der Städte bei näherem Hinsehen eine Vielzahl gesellschaftlicher Organisationen und Kräfte, die neben der staatlichen Leitung jeweils auf bestimmten Gebieten Verantwortung für Fragen der Ordnung und Sicherheit tragen. Ich meine hier die Arbeitsschutz-Inspektoren, die Gewerkschaften, aber auch die Abgeordneten. Wenn diese Kräfte bewußt unter der Führung der Parteiorganisation zusammengefaßt und auf bestimmte konkrete und erreichbare Ziele orientiert werden, die auch durch koordiniertes Handeln Schritt für Schritt verwirklicht werden, dann übt diese Aktivität auf alle Werktätigen eine erhebliche Ausstrahlung aus.

4. Die Untersuchungen zeigten, daß in der Bewegung für vorbildliche Ordnung, Disziplin und Sicherheit bei sichtbarem konsequentem Bemühen der staatlichen Leitungen zur Durchsetzung der Rechtsforderungen der sozialistischen Gesetzlichkeit neue gesellschaftliche Potenzen zuwachsen. Die Verwirklichung der Gesetzlichkeit ist nicht mehr nur eine Sache der staatlichen Leitung allein, der hauptamtlich damit Beauftragten, sondern sie wird zu einer öffentlichen Sache. Es wird eine Atmosphäre der Unduldsamkeit gegenüber Rechtsverletzungen allmählich geschaffen, in der sich auch sozialistisches Rechtsbewußtsein in breitem Umfang entwickelt und in der dann die Rechtsvorschriften nicht nur wegen ihrer staatlichen Autorität allein eingehalten werden. Sie werden ebenso eingehalten auf Grund der Überzeugung von ihrer Richtigkeit und ihrer Nützlichkeit für das gesellschaftliche und persönliche Leben. Damit aber wird das sozialistische Recht von den Werktätigen bewußt verwirklicht.

Hier zeigt sich aber auch, daß das sozialistische Rechtsbewußtsein ein Mittel und eine Bedingung für die Entwicklung der sozialistischen Demokratie ist, wie umgekehrt die Entwicklung der sozialistischen Demokratie auch der Entwicklung des sozialistischen Rechtsbewußtseins voranhilft. Diese ganze Entwicklung verlangt dann aber auch, daß denjenigen Bürgern, die sich aktiv für die Verwirklichung des sozialistischen Rechts auf diese Weise einsetzen, ohne dazu von Staats wegen besonders verpflichtet zu sein, der besondere Schutz des Staates und der Gesellschaft gehören muß.

Diesem Bereich, den Quellen und Formen der Herausbildung, der Festigung und Verwirklichung rechtsgemäßer Überzeugung, sollten wir in koordinierter Arbeit der einzelnen Rechtszweige mehr Aufmerksamkeit schenken. Eine solche Arbeit wird viele wertvolle Erfahrungen und Erkenntnisse auch für den Prozeß der Gesetzgebung und seine wissenschaftliche Fundierung in der Praxis schaffen.

Unsere Beratung heute gibt auch dafür, wie mir scheint, wertvolle Hinweise. Vor allem aber zeigt sie wichtige Richtungen der Forschung, die über den Rahmen der Staats- und Rechtswissenschaft hinaus, nur durch interdisziplinäre Forschungsarbeit mit Erfolg lösbar sind.

GERHARD HANEY

Rechtsbewußtsein — Wertbewußtsein

1. Eine verbreitete Vorstellung vom Rechtsbewußtsein faßt dieses als Bewußtsein vom geltenden Recht und für zu schaffendes Recht im Sinne der gesetzlichen Normierung. Danach wäre es rechtliches Regelungsbewußtsein, also Bewußtsein in bezug auf gesetzlich Fixiertes oder zu Fixierendes. Das ist unbestritten ein wichtiger und wesentlicher Gesichtspunkt. Es wird jedoch dadurch nur als Bewußtsein über bestimmte Bewußtseinsformen gefaßt, denn das ausdrücklich Nominierte ist eine Bewußtseinsform. Wenn das beabsichtigt ist, muß man das deutlich ausdrücken und sich zugleich auch über die Grenzen eines so definierten Rechtsbewußtseins im klaren sein, die mit dieser durchaus zulässigen Abstraktionsebene gezogen sind.
Ich bin nicht für eine solche Eingrenzung des Rechtsbewußtseins. Aus Gründen der praktisch zu vollziehenden gesellschaftlichen Bewegung sollte Rechtsbewußtsein nicht bloß bewußt gewordenes Sein in einem vermittelten Sinne sein. Den würde es jedoch erhalten, wenn es hauptsächlich oder gänzlich auf die juristische Normierung bezogen ist.
Es sollte nach meiner Ansicht als Bewußtsein von der gesellschaftlichen Wirklichkeit in bezug auf das Recht verstanden werden. Dadurch wird es deutlicher als Wertbewußtsein vom Recht und für das Recht, und zwar für alle Erscheinungsformen des Rechts betont, also nicht bloß für die rechtliche Normierung, sondern für alle rechtlichen Erscheinungsformen, wie sie sich in den gesellschaftlichen Beziehungen und dem Handeln und Verhalten der Gesellschaftsmitglieder ausdrücken. Zugespitzt formuliert: Derjenige, der sich richtig verhält, aber weder weiß noch fühlt, daß dieses Verhalten zugleich auch rechtsnormgemäß ist, hätte bei einer eingeengten Vorstellung vom Rechtsbewußtsein kein solches.
Auch der gegenwärtig spürbar gestiegene Stellenwert und damit die Bedeutung des Rechts, seiner sozialen Eigenschaften, lassen sich mit einer auf das Recht als Regelungsgesamtheit bezogenen Vorstellung vom Rechtsbewußtsein wahrscheinlich auch weniger reibungslos bewältigen.
Es würden dann *erstens* die von der gesellschaftlichen Wirklichkeit gesetzten Inhalte — die sich ja auch zunehmend verändern — nur schwer oder gar nicht gesehen; *zweitens* würde die Neigung, das rechtlich Geregelte zum Zweck zu erheben, begünstigt; *drittens* würde das notwendige Übergehen vom Recht in die Praxis erschwert, also das auch vom Rechtsbewußtsein geleitete praktisch verändernde Handeln nicht aufgenommen und *viertens* würde damit das Rechtsbewußtsein weitgehend auf die Rechtskenntnis reduziert.

Das revolutionäre Rechtsbewußtsein der Arbeiterklasse unter kapitalistischen Bedingungen ist zum Beispiel weniger Bewußtsein mit der Kenntnis der rechtlichen Regelungen, sondern wohl eher Bewußtsein von der Ungerechtigkeit der kapitalistischen Gesellschaft, ist Bewußtsein von der negativen Auswirkung und Bedeutung dieser Verhältnisse und ihres Staates und Rechts für menschliche Entwicklung.
Entwicklung des sozialistischen Rechtsbewußtseins heute heißt doch wohl in erster Linie, daß bestimmte gesellschaftliche Inhalte als Ordnungsinhalte, als gewachsene gesellschaftliche Verantwortung, zu erhöhendes Verantwortungsbewußtsein usw. vermittelt werden müssen. Dabei wird es im aktuellen Verhalten nicht nachweisbar sein, welcher konkrete Antrieb, ob ausdrücklicher Rechtsbefolgungswille oder allgemeine moralisch-politische Haltung und gesellschaftliche Einsicht, wirksam sind. Übrigens haben auch die Klassiker darauf aufmerksam gemacht, daß und wie Staats- und Rechtsformen und damit auch die ihnen entsprechenden Bewußtseinsformen in einem direkteren Verhältnis zur materiellen Basis stehen als andere Formen des Bewußtseins. So spricht Engels davon, daß eine *unmittelbare* Übersetzung ökonomischer Verhältnisse in juristische Grundsätze stattfindet und hebt sie von den noch höher in der Luft schwebenden ideologischen Gebieten wie Religion und Philosophie ab,[1] wie er auch an anderer Stelle die „Rechts- und Staatsformen mit ihrem idealen Überbau von Philosophie, Religion, Kunst usw."[2] nennt. Das deutet wohl darauf hin, daß und wie hier auch Staats- und Rechtsbewußtsein in einer direkteren Beziehung zu den materiellen Verhältnissen begriffen wird.
Wenn wir an den Universitäten und Hochschulen die Rechtserziehung als Teil der kommunistischen Erziehung begreifen,[3] dann ist hierunter in erster Linie das Setzen und Vermitteln von Verhaltensmaßstäben zu verstehen, was auch – aber nicht ausschließlich – über die Ausweitung des Bewußtseins vom geltenden Recht, seines Kennens, Anerkennung und Befolgenwollens vollzogen wird.
Wenn gegenwärtig die Bedeutung des Rechts als Ausdruck der notwendigen Gestaltung der entwickelten sozialistischen Gesellschaft wächst, dann heißt das doch offenbar nicht bloß, daß neue Regelungen ergehen müssen, sondern daß in erster Linie die sich verändernden gesellschaftlichen Inhalte auch mit Hilfe des geltenden Rechts entsprechend bewältigt und gestaltet werden. Insofern wäre also Rechtsbewußtsein bewußt gewordenes Sein in bezug auf das Recht und nicht bloß Bewußtsein über das geltende Recht und für zu erlassende Rechtsnormen.
2. Einerseits ist der Wert als die Bedeutung des sozialistischen Rechts ingesamt gestiegen und andererseits vertiefen sich zugleich auch die im Recht liegenden und mit seiner Hilfe zu realisierenden Werte. Dafür ist die Erkenntnis des allgemeinen gesellschaftlichen Standorts erforderlich und das hiervon geleitete inhaltliche Verarbeiten der durch eine sozialistische Lebensweise gesetzten Anforderungen und Werte. Diese liegen zum Beispiel in der Entwicklung der sozialistischen Demokratie, der Einheit von Wirtschafts- und Sozialpolitik, der Durchsetzung sozialistischer Gerechtigkeit und Gesetzlichkeit, wie auch in der Art und Weise der Abfassung sozialistischer Rechtsnormen, ihrer Verständlichkeit, Überschaubarkeit, Zugänglichkeit.

[1] Marx/Engels, Werke, Bd. 37, S. 491/92.
[2] Marx/Engels, Werke, Bd. 20, S. 82.
[3] Vgl. G. Schirmer, Neue Justiz 1975, H. 11, S. 315 ff.

Werte haben es an sich, daß sie nur in der geistigen Aneignung und Verbreitung existieren und darin weder einer Begrenzung noch irgendeinem moralischen Verschleiß bei ihrer Ausdehnung unterliegen. Im Gegenteil, sie gewinnen. Indem die Überzeugungen vom sozialen Wert des sozialistischen Rechts gefestigt und verbreitert werden, stabilisierte sich alles das, was an Werten im sozialistischen Recht vorhanden ist. Ihre Vermittlung ist an den ideologischen Prozeß gebunden und damit allen Bedingungen und Schwierigkeiten unterstellt, die mit der geistigen, theoretischen, erkennenden, wertenden und empfindenden Tätigkeit verbunden sind.
Wenn nun das Rechtsbewußtsein nur als Bewußtsein vom geltenden oder zu schaffenden Recht aufgefaßt und eben nicht der direkte Bezug zur Wirklichkeit hergestellt wird, dann können zugleich auch die Schwierigkeiten der Transformation der Werte ins Recht und mit Hilfe des Rechts in die sozialen Beziehungen unterschätzt werden.
Dieser Prozeß ist niemals abgeschlossen. Die zum Recht gewordenen Formen können nicht für sich genommen und etwa nur im Fluß einer abgesonderten Bewegung und Veränderung gesehen werden. Mit den gesellschaftlichen Umständen verändern sich auch die mit Hilfe des Rechts zu setzenden Maßstäbe und Wertvorstellungen.
Die neu entstehenden Inhalte, die zugleich Ordnungs- und Regelungsinhalte sind, werden sowohl durch rechtliche Neuregelungen festgesetzt als auch in veränderten Maßstäben für das geltende Recht und seine Anwendung übersetzt. Eine Neuregelung setzt dabei häufig nur einen gewissen, vorläufigen Abschluß unter eine bereits auf der Grundlage vorhandener gültiger Regeln eingetretene Änderung. Diese veränderte Praxis erhält mit der Neuregelung eine eindeutige, präzisiertere, unmißverständliche Grundlage, und diese offenbart nicht nur darin ihren notwendigen und auch selbständigen Wert. Die Verfassung des Jahres 1949 galt fast zwanzig Jahre und war am Ende doch recht beträchtlich von ihrem ursprünglichen Inhalt fortgerückt. Die Ergänzung und Änderung der Verfassung von 1968, die im Jahre 1974 vollzogen wurde, bekräftigte und bestätigte bereits in der Wirklichkeit eingetretene Veränderungen. Die berechtigte Genugtuung, nun auch mit dem neuen Zivilgesetzbuch dieses Jahres das 80jährige BGB ad acta gelegt zu haben, darf nicht vergessen lassen, daß sich die Grundsätze des sozialistischen Zivilrechts in einem fast 30jährigen Fortgang herausgebildet hatten und praktisch bereits galten. Das gleiche gilt auch für die Zivilprozeßordnung, die 100 Jahre alt ist.
Die Vorstellung, als läge alles schon von vornherein in den geltenden Normen beschlossen, als seien sie inhaltlich unverrückbar und stets gleichbleibend fixiert, hält der Wirklichkeit offenbar nicht stand. Sie würde auch durch eine Vorstellung vom Rechtsbewußtsein begünstigt, die dieses nur auf die Normengesamtheit bezieht und dabei die von der Wirklichkeit ausgehenden und sich verändernden Anforderungen in die begriffliche Bestimmung des Rechtsbewußtseins nicht aufnimmt.
Das politische, kulturelle, intellektuelle, moralische und ästhetische Entwicklungsniveau des Sozialismus ändert sich beständig, die geistige Tätigkeit bringt ständig Neues hervor. Das sozialistische Recht gehört mit zur geistigen Kultur unserer Gesellschaft und ist in diese beständige geistige Produktion schon allein durch die sich stets erweiternde demokratische Handhabung eingeschlossen. Es wird auch direkt und indirekt durch andere Bereiche der geistigen Tätigkeit angeregt, erweitert und bereichert.
Soll das Rechtsbewußtsein produktiv sein im Sinne der Veränderung und Entwicklung gesellschaftlicher Beziehungen, muß seine Verbundenheit, sein Verflochtensein mit

anderen Bewußtseinsformen nicht bloß in Rechnung gestellt, sondern herausgebildet und fortgebildet werden. Sicherlich kann man ohne Übertreibung sagen, daß der Jurist aus der Philosophie, der Ökonomie, der Geschichte, der Soziologie und anderen Wissenschaften, ferner der Politik, der Moral und der Kunst und Literatur unmittelbarer für sein Fach angeregt und bereichert wird, als wenn er ausschließlich in den Schranken seiner Disziplin bliebe. Das kann auch gar nicht anders sein, wenn sozialistische Rechtswissenschaft nicht bloß Formenlehre, sondern Wissenschaft von der Gestaltung der gesellschaftlichen Wirklichkeit sein will. Diese „Ausweitung" enthält das Werden des Rechtsbewußtseins zum Allgemeinen, es verliert dadurch nicht seine Spezifik, die Wirklichkeit in bezug auf das rechtlich Normative und die entsprechenden Werte zu erfassen, sondern enthält dafür eigentlich erst die Grundlage.

Während so einerseits die Beziehungen des Rechtsbewußtseins zu den genannten anderen Formen aufzuweisen sind, ist es andererseits gleichermaßen wichtig, von den anderen Bewußtseinsarten ausgehend, den Anschluß zum Rechtsbewußtsein herzustellen. Sozialistisches Geschichtsbewußtsein kann ohne entsprechendes Staats-, Rechts- und Demokratiebewußtsein nur eingeschränkt wirksam werden, ähnlich ist es von anderen Seiten her. Ökonomisches Denken, das nicht danach fragt, was gesamtgesellschaftlich gültig, verbindlich und zulässig ist, also ohne entsprechendes Rechtsbewußtsein, kann nicht zum Nutzen der Gesellschaft wirksam werden.

Entwicklung des Rechtsbewußtseins, der Rechtspropaganda, der Rechtserziehung und die Vermittlung von Rechtskenntnissen sind deshalb nicht in erster Linie auf die Herausbildung eines speziellen Bewußtseins gerichtet, sondern sind auf den allgemeinen gesellschaftlichen Zusammenhang orientiert. Das heißt für die Wissenschaft vor allem, den Verbund der Wissenschaften deutlich werden zu lassen, was auch erfordert, den anderen gesellschaftswissenschaftlichen Disziplinen die Notwendigkeit zu vermitteln, ihre Anschlußpunkte zu Staat, Recht und Demokratie zu sehen und zu entwickeln.

3. Für dieses Verständnis ist es sicher erforderlich, das zu beachten, was Marx im Vorwort zum Kapital fordert: „jede gewordne Form im Flusse der Bewegung" darzustellen[4], also nicht eine Auffassung vom Rechtsbewußtsein zu vermitteln, die statisch, eng-normativ und insofern undialektisch ist.

So ließe sich die qualitativ neue soziale Freiheit des Sozialismus nicht begreifen, ohne die entsprechend geltend gemachte Verantwortung des einzelnen. Die Befreiung von Ausbeutung und Unterdrückung, die Sicherheit und Stabilität, in der jeder ohne Angst vor dem Morgen lebt, die wachsende selbstbewußte Teilnahme an der Gestaltung der sozialistischen Gesellschaft und vieles andere kennzeichnen diese Freiheit.

Aber zu ihr steht die Notwendigkeit, die Verantwortung, das Gebundensein nicht bloß in einer äußeren Beziehung. Und darin ist unmittelbar das Recht einbezogen. Es besteht durch die neuen objektiven Grundlagen des Sozialismus ein andersartiges Verhältnis von Notwendigkeit–Freiheit–Recht und Sittlichkeit. Jedoch verwirklicht sich dieses nicht selbsttätig. Ebensowenig wie sich die Notwendigkeit von allein dem Recht mitteilt, wird auch die Beziehung von Recht und praktisch-moralischer Freiheit von selbst wirksam. Das ist eben auch vornehmlich davon abhängig, wie es gelingt, die Wertvorstellungen der Klasse im und durch das Recht bewußt wirksam zu machen.

---

[4] Marx/Engels, Werke, Bd. 23, S. 28.

Mit dem Wachsen der Freiheit formt sich gleichermaßen auch die objektiv bestehende Bindung. Deshalb erneuert sich auch beständig der Widerspruch, der zwischen Freiheit und Notwendigkeit und den Formen seiner Umsetzung, so auch durch das Recht, besteht. Die Sicherheit, in der jeder lebt, erzeugt nicht schon automatisch die entsprechenden Einsichten und Anforderungen für das individuelle Verhalten. Der neue Charakter der Arbeit bringt nicht auch von selbst die bewußt ausgeübte Arbeitsdisziplin hervor. Den neuen rechtlichen Möglichkeiten, die in Anspruch zu nehmen selbstverständlich ist, fügen sich nicht ohne weiteres auch die entsprechenden Pflichten hinzu. Die von den objektiven Anforderungen bestimmten Werte transformieren sich deshalb nicht auch von selbst in subjektive Aneignung und Wirksamkeit.

Die Sozialantriebe der kapitalistischen Warenproduktion mit ihrem Konkurrenzverhalten ersetzen sich deshalb nicht selbsttätig durch solche den neuen Verhältnissen entsprechende Motivationen und Verhaltensweisen. Die neue Freiheit, das durch den Wegfall von sozialer Furcht und Bedrückung neu entstandene Selbstgefühl der Menschen, kann sich deshalb durchaus auch mit Disziplinlosigkeit paaren. So kann spontanes und anarchisches Verhalten ausgelöst werden und ein Autoritätsverlust eintreten, wenn es nicht zugleich auch gelingt, dem einzelnen die durch neue Freiheit gesetzte moralische und rechtliche Verantwortung auch praktisch ins Bewußtsein zu bringen.

Die notwendige Neuorganisation der Gesellschaft, die der Sozialismus darstellt, ist zwangsläufig mit einem fortschreitenden Begreifen der neuen gesellschaftlichen Bindung verknüpft. Deshalb gilt es, die neuen Ordnungsinhalte, Ordnungsgehalte und Ordnungssubstanzen aufzudecken und auch rechtlich wirksam zu machen.

4. Es gibt eine fast generell verbreitete Darstellung zum Recht, wo dieses nahezu ausschließlich als Leitungsinstrument und die Rechtswissenschaft als Leitungswissenschaft erscheint. Gesetzgebungsakte werden zumeist auch nur als Leitungsakte betrachtet. Das ist die eine notwendige Seite. Aber wird nicht Rechtswissenschaft und damit auch die Vermittlung von Rechtsbewußtsein immer mehr auch Bewußtsein vom richtigen Verhalten? Sollte nicht stärker die andere Seite des demokratischen Zentralismus, das schöpferische Handeln, dadurch auch näher betrachtet werden, daß und wie Recht in unendlicher Vielfalt in der Umsetzung, Aneignung und Gestaltung reproduziert wird, bei aller Wahrung des in ihm enthaltenen einheitlichen Maßstabes?

Dadurch, daß das Gericht den Verurteilten nach der Neuregelung des StGB weit mehr als in der Vergangenheit zu einem bestimmten künftigen Verhalten verpflichten kann, Arbeitskollektive diese Verpflichtung kontrollieren und entsprechende Maßnahmen zu deren Erfüllung einleiten oder beantragen können, wird ein tätiger und wirksamer Humanismus durch direkte positive Ansprüche an das Verhalten einzelner geformt. Auch mit dem neuen ZGB wurden, weil es eben nicht mehr bloß Vermögensrecht sein kann, in deutlicher Absicht Rechtsausübungsvorschriften gesetzt.

Das scheinen doch Hinweise dafür zu sein, daß unserem Recht die Tendenz innewohnt, daß sich die Frage danach, wie man sich verhalten muß, bis hin zu den Motiven, deutlicher auszuprägen beginnt.

KARL A. MOLLNAU

Zur Bestimmung des Inhalts der sozialistischen Rechtserziehung

Werden die vielfältigen Aktivitäten zur Rechtserziehung daraufhin untersucht, was an konkreten Bewußtseinsinhalten vermittelt wird, sind große Unterschiede festzustellen. Zugespitzt und etwas vereinfacht geht es um die Frage, sollen in erster Linie Rechtsnormenkenntnisse vermittelt werden, oder muß das Schwergewicht darauf gelegt werden, Wissen über das Wesen des sozialistischen Rechts weiterzugeben?

In der Praxis wird gegenwärtig Rechtserziehung vor allem als Vermittlung von Rechtsnormenkenntnissen aufgefaßt. Auch in der Theorie wurde die Meinung artikuliert, Rechtsnormen, die realisiert werden und eine hohe gesellschaftliche Wirksamkeit erreichen sollen, müßten den Adressaten bekannt sein.[1]

Ist aber wirklich die Rechtsnormenkenntnis in jedem Falle eine notwendige Voraussetzung für die gesellschaftliche Wirksamkeit des Rechts? Ist es richtig, in der Rechtserziehung die Frage Rechtsnormenkenntnis oder Kenntnis des Wesens des sozialistischen Rechts alternativ zu stellen?

Wenn wir zur Zeit auch noch nicht über genügend detaillierte Kenntnisse über die Zusammenhänge zwischen Rechtsnormenkenntnis, Kenntnis des Wesens des Rechts und Effektivität der Rechtsnormen verfügen, so sind doch gegenüber der obigen These Zweifel am Platze.

Zunächst: Es ist eine Tatsache, daß die Mehrzahl der Bürger, die mit dem Recht nicht in Konflikt kommt und aktiv für die Durchsetzung des sozialistischen Rechts eintritt, durchaus nicht immer die Rechtsnormen kennt, die sie einhält. Wer vom Grundsatz überzeugt ist, wonach Volkseigentum unantastbar ist, braucht die speziellen Normen, die unser Rechtssystem zur Ausführung dieses Prinzips enthält, nicht allesamt zu kennen, dennoch wird er sie einhalten und aktiv durchsetzen helfen. Zum anderen: Untersuchungen haben ergeben, daß Straftäter, insbesondere auch Rückfalltäter, oft über eine bestimmte Rechtsnormenkenntnis verfügen. Sie benutzen ihre Rechtsnormenkenntnis, um das Recht zu umgehen. Sie versagen aber im Vergleich zu Gleichaltrigen bei jeder Verallgemeinerung dieser Rechtsnormenkenntnis.[2]

Um den Inhalt der Rechtserziehung weiter zu bestimmen, ist es erforderlich, sie nicht nur in ihren juristischen Dimensionen zu sehen, sondern als Teil der sozialistischen und kommunistischen Erziehung in den gesamtgesellschaftlichen Prozeß sozialistischer Be-

[1] So zum Beispiel G. Udke, in: Staat und Recht 1974, S. 903.

[2] Vgl. G. H. Efremowa, Die Untersuchung des Rechtsbewußtseins der Jugend, in: Fragen der Kriminalitätsbekämpfung, H. 19, S. 52, Moskau 1973.

wußtseinsbildung zu stellen. Einen Ansatz für richtiges theoretisches Erfassen des Inhalts der Rechtserziehung sehen wir darin, die Rechtserziehung als eine spezifische Art und Weise des Hineintragens von sozialistischem Bewußtsein in die Arbeiterklasse und die mit ihr verbündeten Klassen und Schichten aufzufassen. Die Gesetze, nach denen sich die sozialistische Ideologie allgemein herausbildet und entwickelt, bestimmen auch den Mechanismus rechtlicher Bewußtseinsbildung. Die wichtigsten dieser Gesetze werden von Lenin in seiner Schrift „Was tun?" formuliert: hier sind deshalb auch entscheidende ideologische Grundlagen für die Rechtserziehung behandelt worden.

Das sozialistische Rechtsbewußtsein – wie auch andere Formen des sozialistischen Bewußtseins – entwickelt sich nicht spontan auf der Grundlage der gesellschaftlichen Verhältnisse des Sozialismus.[3] Vielmehr muß es systematisch in die Gesellschaft hineingetragen werden. Die Rechtserziehung ist eine der wichtigsten Formen, in der dies vor sich geht. Das Hineintragen des Rechtsbewußtseins mittels Rechtserziehung in die gesamte Gesellschaft ist Bestandteil der Dialektik von Partei, Klasse und Masse.

Die Tätigkeit der Partei ist der wichtigste Faktor für Herausbildung, Weiterentwicklung, Verbreitung und Rezeption des sozialistischen Rechtsbewußtseins. Ohne ihre Tätigkeit würde nur ein Rechtsbewußtsein entstehen, das lediglich aus der unmittelbaren Erfahrung schöpft und nicht an die Allseitigkeit und Reife der Theorie herankommt. Allerdings trägt das erfahrungsbedingte Rechtsbewußtsein Keime des sozialistischen Rechtsbewußtseins in sich.

Eine wesentliche Aufgabe der Rechtserziehung ist es, dieses erfahrungsbedingte Rechtsbewußtsein mit der marxistisch-leninistischen Theorie über Staat und Recht zu vereinen. Das setzt aber voraus, daß die Rechtserziehung mit dem entsprechenden weltanschaulich-theoretischen Inhalt versehen wird. Mit bloßer, im Einzelfall durchaus wichtiger juristischer Information ist das nicht erreichbar. Die Information über juristisches Faktenmaterial, wie Normen, Urteilsentscheidungen, kriminalstatistische Angaben, wirkt, für sich genommen, ideologisch-weltanschaulich wenig.

Die Forderung, der Rechtserziehung einen ideologisch-weltanschaulichen Inhalt zu geben, bedeutet vielmehr:

a) den Zusammenhang zwischen historischer Mission der Arbeiterklasse und der Notwendigkeit des sozialistischen Rechts zu erläutern;
b) die Einheit von staatlicher Macht der Arbeiterklasse und sozialistischem Recht zu beleuchten und in ihrer Wirkung in den juristischen Beziehungen zwischen den Bürgern, den Bürgern und dem Staat, den Bürgern und den Betrieben zu zeigen;
c) das sozialistische Recht aus den gesellschaftlichen Zusammenhängen heraus zu begründen;
d) den Gerechtigkeitswert und den humanistischen Charakter des sozialistischen Rechts zu erläutern.

Die Forderung, den ideologisch-theoretischen Inhalt der Rechtserziehung stärker zu betonen, darf nicht mit dem Verkünden allgemeiner Leit- und Grundsätze über das sozialistische Recht gleichgesetzt werden. Vielmehr handelt es sich darum, Tatsachen, Ereignisse, reale Prozesse aus dem Rechtsleben auf der Grundlage der marxistisch-

---

[3] W. Lamberz, Über ideologische Arbeit in der gegenwärtigen Entwicklungsperiode, Berlin a. J., S. 11.

leninistischen Rechtstheorie zu interpretieren, zu deuten und zu bewerten. Mit anderen Worten: Rechtserziehung sollte nicht um die Grunderkenntnisse der marxistisch-leninistischen Staats- und Rechtstheorie verkürzt betrieben werden. Ein gewisses Maß an Kenntnissen *über* das sozialistische Recht ist unumgänglich.

Hier fügt sich die Erläuterung von Rechtsnormen ein. Erfolgt sie auf der Grundlage einer theoretischen Interpretation und Begründung der Normen, verstärkt sie den ideologisch-theoretischen Inhalt der Rechtserziehung. Eine reine Normenvermittlung, ohne jeden sozialen Bezug, würde dagegen ein formales Verhältnis der Bürger zum sozialistischen Recht herausbilden. Die Erläuterung von Rechtsnormen und des Wesens des sozialistischen Rechts muß also eine Einheit, nicht aber eine Alternative bilden.

Bei der Erläuterung von Rechtsnormen müssen sowohl ihr normativer Regelungsgehalt, also die Handlungsvorschriften (Gebote, Verbote, Erlaubnisse), wie auch ihre gesellschaftlichen Grundlagen verdeutlicht werden. Dazu ist es erforderlich zu zeigen, wie bestimmte gesellschaftliche Erfordernisse zu juristischen Motiven wurden und den Gesetzgeber veranlaßten, die entsprechenden Normen zu erlassen. Deshalb braucht die Rechtsnormenerläuterung auch den Rückgriff auf den Rechtsbildungsprozeß. Rechtsnormenerläuterung darf sich nicht nur darauf erstrecken, *daß* Rechtsnormen gelten, sondern muß immer auch verdeutlichen, *warum* sie gelten. Rechtsnormenerläuterung muß immer mit dem Ziel geführt werden, die Rechtsforderung aus moralischer Überzeugung, aus innerem Bedürfnis einzuhalten. Dazu ist der Nachweis nötig, daß das sozialistische Recht der Übereinstimmung zwischen den gesellschaftlichen Erfordernissen und den Grundinteressen der Bürger Ausdruck verleiht. So wird dem Bürger das notwendige Wissen über das sozialistische Recht als Basis seiner Identifikation mit dem sozialistischen Recht vermittelt. Zur Rechtsnormenerläuterung gehört auch die Klarheit darüber, daß die Forderungen des sozialistischen Staates geschützt werden, wenn nötig, auch mit Hilfe von Zwangsmitteln. Auch hier kommt es darauf an, die gesellschaftlichen Grundlagen des sozialistischen Rechtszwanges, seine erzieherische Zwecksetzung aufzudecken. Deshalb gilt es, die staatliche Zwangsanwendung bei der Verwirklichung des sozialistischen Rechts als Ausdruck der inneren Notwendigkeit dieses Rechts begreiflich zu machen.[4] Um die Rechtserziehung weltanschaulich und ideologisch wirksam zu machen, kommt der Darstellung der Einheit von sozialistischer Moral und sozialistischem Recht eine außerordentliche Bedeutung zu. Hinsichtlich dieser Problematik gestatte ich mir, auf den Beitrag von John Lekschas zu verweisen.

Um sozialistisches Rechtsbewußtsein herauszubilden und zu verbreiten, muß es einhergehen mit unmittelbar aktiver Teilnahme an den Prozessen der Realisierung des sozialistischen Rechts. Das bedeutet zunächst für die Rechtserziehung die Notwendigkeit, Erfahrungen zu organisieren, Alltagserfahrungen, in denen sich die praktische Aneignung des Rechts vollzieht, in denen die Befriedigung gesellschaftlicher und individueller Interessen durch das sozialistische Recht sich äußert. Um sich mit dem sozialistischen Rechtsbewußtsein zu identifizieren, um es als eine Grundlage eigenen Handelns anzuerkennen, muß sich der einzelne durch praktische Erprobung von der Wahrheit und Nützlichkeit seiner Bewußtseinsinhalte überzeugen. Diesen Prozeß kann die Rechtserziehung unterstützen, indem sie die praktische Teilnahme der Bürger am Rechtsleben,

[4] Über den staatlichen Zwang als notwendiges Merkmal des sozialistischen Rechts vgl. Marxistisch-leninistische Staats- und Rechtstheorie (Lehrbuch), Berlin 1975, S. 349 ff.

besonders an der Rechtsetzung und Rechtsverwirklichung organisiert. Sozialistische Rechtserziehung ist die Einheit von ideologischer und organisatorischer Tätigkeit, die zur Verbindung wissenschaftlicher Erkenntnisse über das Recht mit praktischer Tätigkeit auf staatlich-rechtlichem Gebiet führt.

Unter diesem Aspekt gesehen, kommt den richtig oder mangelhaft organisierten Erfahrungen des einzelnen mit der Praxis der Durchsetzung und Einhaltung des sozialistischen Rechts durch Institutionen, rechtsanwendende Organe usw. eine bedeutsame Rolle zu. Negative Erfahrungen sind von hemmendem Einfluß auf die Rechtsbewußtseinsentwicklung, weil sie nicht die Verbindlichkeit, d. h. die Autorität, des sozialistischen Rechts dokumentieren.

Die einheitliche Anwendung der Gesetze muß jedem sichtbar werden; eine abgestufte Verbindlichkeit bei der Durchführung von Rechtsvorschriften darf es nicht geben. Die Rechtssicherheit, die der Sozialismus brachte, muß der einzelne persönlich erleben.

Subjektivistische Entscheidungen, Gesetzesverstöße, die zu Erfahrungen führen, die nicht mit dem Wesen und den Zielen des Sozialismus übereinstimmen oder ihnen konträr entgegenstehen, wirken rezessiv bei der Bewußtseinsbildung. Mehr noch: In Einzelfällen können sie sogar die Basis abgeben, auf der nichtsozialistisches oder antisozialistisches Rechtsbewußtsein entsteht.

Um die Wirkung solcher Verhältnisse und ihre negativen Erfahrungen abzufangen und zu beseitigen, ist das Wort allein nicht ausreichend; dazu bedarf es der Veränderung dieser Verhältnisse in der Praxis selbst. Die ständige Qualifizierung der staatlichen Leitungstätigkeit und die Festigung der sozialistischen Gesetzlichkeit sind deshalb für eine erfolgreiche Rechtserziehung Voraussetzung, wie umgekehrt die Rechtserziehung die staatliche Leitungstätigkeit mit qualifiziert und dazu beiträgt, die Gesetzlichkeit zu festigen.

Daß Rechtserziehung ohne praktische staatlich-rechtliche Tätigkeit nicht wirksam durchzuführen ist, macht ihren Zusammenhang mit der sozialistischen Demokratieentwicklung ebenso deutlich wie ihre Potenz für die Demokratieentwicklung. Rechtserziehung sollte deshalb nicht losgelöst betrachtet werden von der ständig zunehmenden Einbeziehung immer breiterer Kreise der Bürger in die Leitung des Staates. In gewisser Weise läßt sich die Rechtserziehung sogar auffassen als Teilaspekt der wachsenden Teilnahme der Werktätigen an der Leitung des sozialistischen Staates. Entfaltung der sozialistischen Demokratie und Entwicklung und Verbreitung des sozialistischen Rechtsbewußtseins durch Rechtserziehung stehen in einem Abhängigkeitsverhältnis zueinander. Deshalb sollte überlegt werden, ob die weitere Ausarbeitung der Theorie der Rechtserziehung nicht mit der Entwicklung der Demokratietheorie verbunden werden muß. Müssen wir nicht überhaupt überlegen, wie wir Probleme der Rechtserziehung zum Gegenstand auch *staats*theoretischer Forschungen machen können? Nach meinem Dafürhalten ist es einseitig, die Rechtserziehung nur unter rechtswissenschaftlichem Aspekt zu betrachten. Dies ist schon deshalb der Fall, weil die Rechtserziehung auch ein Faktor ist, um den sozialistischen Staat zu stärken, um das sozialistische Staatsbewußtsein herauszubilden. Wäre es beispielsweise nicht notwendig, den Zusammenhang zwischen sozialistischem Staats- und Rechtsbewußtsein näher zu untersuchen und die Rolle der Rechtserziehung bei der Entwicklung beider zu bestimmen?

JOHN LEKSCHAS

Einige theoretische Fragen der sozialistischen Rechtserziehung in ihrer Bedeutung für die Vorbeugung und Bekämpfung der Jugendkriminalität

In der DDR und auch in anderen sozialistischen Staaten, insbesondere der UdSSR, werden in den letzten Jahren Untersuchungen zum Verhalten von Straftätern, ihrem Rechtsbewußtsein und der Rechtserziehung durchgeführt. Besonderes Augenmerk wird dabei auf die Vorbeugung und Bekämpfung der Jugendkriminalität gelegt, da diese auch im kommenden Zeitraum der weiteren Gestaltung der entwickelten sozialistischen Gesellschaft und des allmählichen Überganges zum Aufbau des Kommunismus ein Schlüsselproblem der allgemeineren Zielstellung der Zurückdrängung der Kriminalität und der Aufhebung der Ursachen der Kriminalität bzw. der Eindämmung ihrer Wirksamkeit darstellen dürfte.
Angespornt wurden diese Arbeiten durch die Beschlüsse von Partei und Regierung zur Erhöhung des sozialistischen Rechtsbewußtseins der Bürger und zur Verbesserung der Rechtserziehung. Im Ergebnis dessen ist nach längerer Vorarbeit, z. T. mit internationaler Zusammenarbeit, ein Forschungsprojekt entstanden, das sich dem Rechtsbewußtsein jugendlicher Straftäter, seiner Quellen und der Einstellung zu rechtlichen Verhaltensanforderungen zuwenden soll.
Mit diesen Forschungen wird das Ziel angestrebt, tiefer in das soziale Wesen der Jugendkriminalität einzudringen und Schlußfolgerungen für die Erhöhung der Wirksamkeit des Systems der Maßnahmen zu ihrer Vorbeugung und Bekämpfung zu erarbeiten und Schlußfolgerungen für die Arbeit aller staatlichen und gesellschaftlichen Organe abzuleiten, die sich mit der Verwirklichung der Jugendpolitik befassen. So muß die Vorbeugung und Bekämpfung der Jugendkriminalität zugleich auch als spezifische Seite der Durchsetzung der Jugendpolitik, als ein Moment der Erziehung der Jugend zu sozialistischen Denk- und Verhaltensweisen begriffen werden. Die Forschungen zum Rechtsbewußtsein jugendlicher Straftäter beziehen sich vornehmlich auf den ideologischen Bereich und auf solche sozialen Beziehungen, die selbst ideologiebildend sind. Damit wird nicht ausgesagt, daß die Kriminalität und Jugendkriminalität etwa allein oder gar in erster Linie nur durch ideologische Erscheinungen determiniert ist. Unter Verarbeitung der in den sozialistischen Ländern als gesichert angesehenen Erkenntnisse gehen wir davon aus, daß die Jugendkriminalität

- ein Ausdruck der Störung der sozialen Integration bestimmter Jugendlicher in die sozialistische Gesellschaft und die soziale Verantwortlichkeit ist;
- Ausdruck eines bestimmten sozialen Atavismus, d. h. des Rückfalls des Individuums in vorsozialistische gesellschaftsstörende Verhaltensweisen, darstellt und
- in gewisser Hinsicht von einem Versagen der sozialen Erziehungskräfte gegenüber einem kleinen Teil der Jugend zeugt, der sich gegenüber den Einflüssen der alten

Gesellschaft sowie Schwierigkeiten und Konflikten innerhalb der sozialistischen Gesellschaft nicht gewachsen zeigt.

Bei aller Anerkennung objektiver Faktoren als Bestandteil jenes Systems von Bedingungen, das die Kriminalität hervorruft, ist angesichts dieser Charakteristik unübersehbar, daß bei jeder einzelnen Straftat und bei der Kriminalität insgesamt subjektive Faktoren eine bedeutende Rolle spielen. Innerhalb dieser kommt wiederum den Einstellungen der Straftäter eine bedeutende Rolle zu. Sie betreffen weltanschauliche Haltungen, Einstellungen zum Arbeiten und Lernen sowie die Einstellungen zu zwischenmenschlichen Beziehungen.

Das Rechtsbewußtsein eines Menschen ist mit den hier beispielhaft genannten Einstellungen des Individuums eng verbunden. Es bezieht sich stets auf die durch die verschiedenen Einstellungsbereiche erfaßten sozialen Erscheinungen und Prozesse. Man könnte es auch als eine notwendige, unabdingbare Seite solcher Grundeinstellungen bezeichnen. Je reifer das sozialistische Rechtsbewußtsein Jugendlicher ist, desto tiefer ist auch die sozialistische Weltanschauung, ist eine sozialistische Einstellung zum Arbeiten, Lernen und zu den Mitmenschen ausgeprägt. Andererseits ist festzustellen, daß mit der Herausbildung solcher sozialistischer Einstellungen auch die Entwicklung eines hohen Rechtsbewußtseins verbunden ist.

Wenn wir auf dem Gebiet des Strafrechts und der Kriminologie von der Notwendigkeit der sozialistischen Rechtserziehung Jugendlicher und der Entwicklung eines durchgehenden fest verankerten sozialistischen Rechtsbewußtseins als wesentlichen Faktor zur Vorbeugung und Bekämpfung der Kriminalität sprechen, geht es im Unterschied zur Kenntnisvermittlung auf dem Gebiet der Naturwissenschaften und anderen Wissensgebieten – nicht so sehr um konkrete Rechtsnormkenntnisse, wobei die Vermittlung elementarer Rechtskenntnisse ein wichtiger Faktor der Rechtserziehung ist – als um die Vermittlung jener den Normen zugrunde liegenden sozialen Werte und Prozesse, die durch die Interessen der Arbeiterklasse und ihrer werktätigen Verbündeten, durch die objektiven Gesetze der Gesellschaftsentwicklung geprägt sind und bestimmte Anforderungen an das Sozialverhalten der Menschen in der sozialistischen Gesellschaft stellen. Sprechen wir von Rechtserziehung als Faktor der Vorbeugung und Bekämpfung krimineller Handlungen Jugendlicher, so verstehen wir diese Rechtserziehung als einen Aspekt der umfassenderen kommunistischen Erziehung unserer Jugend, die eben vornehmlich auf dem Gebiet der weltanschaulichen Erziehung, auf dem Gebiet des sozialistischen Arbeitens, Lernens und Lebens zu vollziehen ist.

Alle bisherigen kriminologischen und strafrechtlichen Untersuchungen bei jugendlichen Straftätern im Vergleich zu nicht straffällig gewordenen Jugendlichen haben immer wieder ergeben, daß bei straffälligen Jugendlichen ein mehr oder weniger ausgeprägtes, ein mehr oder weniger lang andauerndes und tiefgehendes Defizit an sozialistischen Einstellungen und Haltungen besteht. Die bisherigen Untersuchungen haben weiterhin erbracht, daß ein solches Defizit an sozialistischen Einstellungen einschließlich dem sozialistischen Rechtsbewußtsein nicht nur bei kriminellen Jugendlichen oder kriminell Gefährdeten auftritt, sondern auch bei einigen Jugendlichen zu finden ist, die ein gewisses Leistungsversagen in ihrem bisherigen gesellschaftlichen Leben aufzuweisen haben. Schließlich ist erwiesen, daß immer noch Verhältnisse und Beziehungen objektiv existieren, die ein solches Defizit an sozialistischen Haltungen durch fehlerhaftes Einwirken bei Kindern und Jugendlichen hervorrufen.

Die *Wissenschaft* muß in den nächsten Jahren im Anschluß und gleichlaufend mit staats- und rechtstheoretischen, sozialpsychologischen, soziologen und demographischen Forschungen tiefer in das Wesen und die typischen Erscheinungsformen sowie die Quellen deformierten Einstellungsgefüges und Rechtsbewußtseins eindringen. Sie muß gemeinsam mit den pädagogischen Wissenschaften sowie anderen Sozialwissenschaften Lösungen finden, um die Entstehung solcher Deformationen zu verhindern bzw. vorhandene Störungen zu beheben. Die Forderung der Partei, alle Bürger so zu erziehen, daß die Einhaltung des sozialistischen Rechts zur täglichen Gewohnheit wird, setzt voraus, bis zu den Quellen von Deformationserscheinungen vorzudringen und damit die Möglichkeit zu schaffen, ihnen durch eine gezielte soziale Aktivität, durch eine proportionale Entwicklung des Sozialismus auf allen Gebieten des gesellschaftlichen Lebens Einhalt zu gebieten und damit zugleich neue schöpferische Aktivitäten freizulegen, die bislang brach lagen, gehemmt wurden oder gar versiegt waren.
Wenn wir von der Hypothese ausgehen dürfen, daß das individuelle Rechtsbewußtsein – mit diesem haben wir es hinsichtlich der Straftäter ja vornehmlich zu tun – ein spezifischer Aspekt der Einstellungen zu bestimmten Lebensbereichen ist, dann ergeben sich daraus auch Schlußfolgerungen für die Praxis der Bekämpfung und Vorbeugung der Kriminalität und Jugendkriminalität.
Unser sozialistisches Strafrecht ist in der Einheit mit der Existenz und Tätigkeit der Justiz- und Sicherheitsorgane für die Bildung des gesellschaftlichen und individuellen sozialistischen Rechtsbewußtseins, insbesondere hinsichtlich der Aneignung und Bekräftigung elementarer sozialistischer Werte und Rechtsüberzeugungen, nicht zu unterschätzen. Wenn die bürgerliche Aufklärung das Strafrecht und die Strafjustiz als Spiegelbild der Kultur eines Landes behandelte, so haben wir alles Recht, unser sozialistisches Strafrecht und die sozialistische Strafjustiz als Ausdruck einer hohen bisher nicht erreichten Kulturstufe zu bezeichnen. Daraus folgt, daß wir sie aber auch in ihrer kulturellen Funktion als Instrumente zum Schutze und zur Bewahrung jener Errungenschaften und Werte darzustellen hätten, die sich das werktätige Volk in mühevollem und opferreichem Kampf erworben und erarbeitet hat. Die Herausstellung und Darstellung der ethischen Werte unseres Strafrechts und unserer Strafjustiz in bewußter Konfrontation mit dem Verfall und der Zersetzung imperialistischen Strafrechts und imperialistischer Justiz könne wesentlich dazu beitragen, daß sich elementare sozialistische Rechtsüberzeugungen weiter festigen oder bei jungen Menschen herausbilden.
Wird so das Strafrecht und seine Anwendung als ein wichtiges – wenn auch keinesfalls als das wesentlichste – Moment der Rechtserziehung der Bürger verstanden und ihm ein hoher Stellenwert in der Vermittlung und Bekräftigung ethischer Werthaltungen zu den Grundregeln menschlichen Zusammenlebens in der sozialistischen Gesellschaft beigemessen, wird es also als Instrument zur Vorbeugung von Straftaten betrachtet, dann folgt daraus, daß es notwendig ist, die individuelle strafrechtliche Verantwortlichkeit, die sich in erster Linie an den Straftäter wendet, aber auch von allgemeinerer Wirkung ist, gleichfalls intensiver als bislang unter diesem Aspekt zu untersuchen. In der weiteren theoretischen und praktischen Arbeit sollte daher die individuelle strafrechtliche Verantwortlichkeit mehr als bisher auch als Durchsetzung und Vermittlung von rechtsethischen Postulaten und Werten der Arbeiterklasse gegenüber dem Straftäter betrachtet und behandelt werden.
Die Verwirklichung strafrechtlicher Verantwortlichkeit zielt – wie es dem Humanismus

des sozialistischen Strafrechts nun einmal eigen ist – zugleich auch darauf, den Straftäter zu einem künftigen verantwortungsbewußten Verhalten zu führen. Die rechtsethischen Postulate und Werte, die in einem Schuldspruch und in den Maßnahmen strafrechtlicher Verantwortlichkeit enthalten sind, müssen daher im Strafverfahren auch dem Straftäter und nicht nur der Öffentlichkeit nahe gebracht werden. Es ist Anliegen des sozialistischen Strafrechts, daß der Straftäter letztlich die dem sozialistischen Strafrecht zugrunde liegenden ethischen Werte in eigene Rechtsüberzeugungen verwandelt, damit er eben sich im weiteren Leben gesellschaftsgemäß verhält.

Das Strafverfahren und die Verwirklichung der Maßnahmen strafrechtlicher Verantwortlichkeit müssen daher auch darauf gerichtet sein, beim Straftäter verfehlte Rechtseinstellungen und die ihnen zugrunde liegenden falschen Lebensauffassungen und Moralvorstellungen abzubauen und neue wirkliche sozialistische Rechtsüberzeugungen zu wecken. Was dem Straftäter zunächst vielleicht nur als äußerer Zwang erscheint, was anfänglich vielleicht nur Furcht vor erneuter Bestrafung bewirkt, muß sich möglicherweise in einem längeren Prozeß, der durch die Art der Deformation des Rechtsbewußtseins des Täters und den der Gesellschaft zur Einwirkung auf den Täter zur Verfügung stehenden Mitteln bestimmt wird – in einer inneren Wandlung seiner Einstellungen und rechtlichen Verhaltensanschauungen niederschlagen. Nur so kann die Gesellschaft vor krimineller Rückfälligkeit bewahrt werden.

Die hier entwickelten Gedanken zur strafrechtlichen Verantwortlichkeit gelten in ganz besonderem Maße für jugendliche Straftäter, bei denen es im Unterschied zu manchen Erwachsenen noch nicht zu so tiefen und ausgeprägten Deformationen des Rechtsbewußtseins gekommen ist. Das 4. Kapitel des StGB, das die Besonderheiten der strafrechtlichen Verantwortlichkeit Jugendlicher zum Gegenstand hat, läßt der schöpferischen Arbeit unserer Justiz- und Sicherheitsorgane sowie der gesellschaftlichen Kräfte freien Raum. Ausgehend von Untersuchungen zur Praxis §67, 68 StGB (Absehen von der Strafverfolgung) ist mitunter zu bemerken oder zu vermuten, daß noch nicht gezielt genug auf die Herausbildung sozialistischer Rechtsüberzeugungen bei jugendlichen Straftätern hingearbeitet wird. Dies ist nicht mit einfachen Rechtsbelehrungen oder vordergründigem Moralisieren zu erzielen, sondern nur durch die komplexe Erziehung und Entwicklung der Persönlichkeit des Jugendlichen. Es kommt auch hier auf die Veränderung des Einstellungsgefüges hinsichtlich der wesentlichsten sozialen Lebensäußerungen, verbunden mit der Vermittlung der ethischen Werte des Rechts an.

Es ist meine Überzeugung, daß die Wirksamkeit der individuellen strafrechtlichen Verantwortlichkeit und der ihr zugehörigen Maßnahmen beträchtlich erhöht werden könnte, wenn das Denken von Theorie und Praxis sich bewußter als bisher dieser Problematik zuwenden würde. Es gilt insbesondere, Mittel, Methoden und Wege aufzuzeigen, wie das Problem real in der Strafrechtspraxis und insbesondere bei der Verwirklichung der Maßnahmen strafrechtlicher Verantwortlichkeit auf der Basis der neuesten sozialwissenschaftlichen Erkenntnisse zu lösen ist. Ansätze hierzu sind in Fülle vorhanden. Man müßte sie nur systematisch ausbauen und zum festen Bestandteil unserer Wissenschaften machen.

Wie bereits angedeutet, ist die sozialistische Rechtserziehung als Teil der kommunistischen Erziehung der Jugend von nicht unwesentlicher Bedeutung für die Vorbeugung der Jugendkriminalität, auch wenn sie keineswegs etwa nur unter diesem Vorzeichen betrieben wird, sondern wesentlich weitreichendere Ziele verfolgt. Wie der Zentralrat

der FDJ in einem Erfahrungsmaterial berichtet, hat der Komsomol bei der Zusammenarbeit mit den örtlichen Staatsorganen, bei der Arbeit in den Wohngebieten und vermittels Patenschaften über jugendliche Rechtsverletzer bereits beträchtliche Erfolge erzielt. Auch unser Zentralrat der FDJ hat konkrete Maßnahmen zur Erhöhung des Rechtsbewußtseins Jugendlicher und zur politischen Arbeit mit Jugendlichen, die in ihrer sozialistischen Persönlichkeitsentwicklung zurückgeblieben sind, beschlossen. Diese Maßnahmen werden, wenn sie sich auf allen Ebenen, d. h. den Bezirken, Kreisen, Wohngebieten und Betrieben durchsetzen, mit Sicherheit zu Erfolgen führen. Diese Aktivitäten des sozialistischen Jugendverbandes verdienen in jeder Beziehung volle Anerkennung. Sie sind beispielhaft auch für andere gesellschaftliche Bereiche.
Nach wie vor sind für die Erziehung und Entwicklung der Kinder und Jugendlichen Elternhaus und Schule die Haupterziehungsträger, zu denen – sobald der Jugendliche in das Arbeitsleben eintritt – der Betrieb und die Gewerkschaftsorganisation hinzukommen. Eine vorsichtige Einschätzung ergibt, daß in diesen Bereichen weitgehend vorhandene Potenzen zur gezielten Rechtserziehung, d. h. zur Vermittlung für das Leben notwendiger Rechtskenntnisse und Rechtsüberzeugungen noch ungenutzt bleiben.
Den bedeutendsten Anteil an der Rechtserziehung unserer Kinder und Jugendlichen hat nach wie vor das Elternhaus. Hier werden dem heranwachsenden Kinde und Jugendlichen die ersten und wichtigsten Verhaltensregeln, Gebote und Verbote im wechselseitigen Verkehr der Menschen in der sozialistischen Gesellschaft vermittelt. Hinsichtlich auch der Entwicklung des sozialistischen Rechtsbewußtseins werden hier die ersten elementaren Wertnormen in das Bewußtsein der Kinder und Jugendlichen durch verbale Belehrung und praktisches Verhalten eingeprägt. Bei rechtsverletzendem Verhalten von Kindern und Jugendlichen mangelt es in der kriminologischen und strafrechtlichen Literatur sowie in den Urteilen der Gerichte nicht an Feststellungen, daß das Elternhaus bei der Rechtserziehung der Kinder und Jugendlichen versagt habe. Solche Feststellungen sind sicher richtig und müssen auch getroffen werden, um bei den Eltern hinsichtlich ihrer Verantwortung und ihres Verhaltens gegenüber ihren Kindern Veränderungen zu bewirken. Jedoch sollte Klarheit darüber bestehen, daß dies zu einem Zeitpunkt geschieht, wenn „das Kind bereits in den Brunnen gefallen ist“. Das Gleiche erleben wir, wenn von der Verantwortung der Schule, die nach den Eltern der wirksamste Erziehungsträger ist, die Rede ist. Auch hier wird – allerdings schon in gemessener Weise – ein relatives Versagen der Lehrer bzw. der Schule festgestellt.
Das Problem liegt u. E. nun nicht darin, daß solche Feststellungen nicht getroffen werden sollen, sondern darin, was aus ihnen abgeleitet wird. Sichtet oder studiert man die Literatur zur Kinder- und Jugendpsychologie, so wird man, bestenfalls höchst verstreut etwas finden, was sich – konkret und mit praktischen Beispielen bzw. einer theoretischen Anleitung versehen – auf die Wege, Mittel und Methoden der sozialistischen Rechtserziehung der Kinder und Jugendlichen durch Elternhaus und Schule bezieht. Wir sind weit davon entfernt, anzunehmen, daß die sozialistische Rechtserziehung den Kern der sozialistischen Persönlichkeitsbildung von Kindern und Jugendlichen darstellt. Dies wäre nur eine Form der Nachahmung bürgerlicher Vorstellungen, die bereits von Engels scharf kritisiert wurden. Unser sozialistisches Recht ist jedoch zugleich zu verstehen als konzentrierter und verbindlicher Willens- und Interessenausdruck der Arbeiterklasse und ihrer Verbündeten. Eine sozialistische Rechtserziehung der Kinder und Jugendlichen zu vernachlässigen, die Ausarbeitung einer Methodik

und Didaktik einer solchen Rechtserziehung zu unterlassen, das Versäumnis in populärwissenschaftlicher Literatur praktische Hinweise den Eltern und auch Lehrern für eine überzeugungsbildende Rechtserziehung von Kindern und Jugendlichen zu geben, würde bedeuten, auf die Vermittlung solcher ethischer Werte zu verzichten, die die Arbeiterklasse und der sozialistische Staat als unabdingbar und verbindlich für jedermann ansehen. Es ist daher als dringend notwendig anzusehen, daß Grundlagen für den Inhalt, die Didaktik und Methodik der sozialistischen Rechtserziehung von Kindern und Jugendlichen durch Elternhaus und Schule erarbeitet werden. Diese Aufgabe kann nur bewältigt werden, wenn es zu einer Gemeinschaftsarbeit zwischen Psychologie, Pädagogik und Rechtswissenschaften kommt. Dabei wird die Staats- und Rechtstheorie sicherlich eine zentrale Rolle zu spielen haben. Jedoch dürfte die Verantwortung der Zweigwissenschaften hierbei nicht minder hoch sein. Vor diesen steht die Aufgabe, die elementaren rechtsethischen Werte herauszuarbeiten, die bei der Erziehung unserer Kinder und Jugendlichen notwendig in das gesellschaftliche und individuelle Bewußtsein einzuprägen sind. Die Zweigwissenschaften werden sich dabei bemühen müssen, von ihrer rein juristischen Selbstbetrachtungs- und Selbstdarstellungsweise abzugehen und in allgemeinverständlicher Weise darzustellen, wie sie zur Entwicklung der sozialistischen Lebensweise in ideologischer Hinsicht mit Rücksicht auf die Heranbildung der jungen Generation wirksam werden wollen. Dies aber heißt – und der Schwierigkeit der Aufgabe sollte man sich in allen Zweigwissenschaften bewußt werden – die ethischen Grundwerte eines jeden Rechtszweiges herauszuarbeiten. Eine solche Aufgabe kann nicht nebenher gelöst werden, sondern verlangt eine gezielte Arbeit. Bisher hat es – abgesehen von jenen Zweigwissenschaften, die sich vor die Aufgabe gestellt sahen, neue Gesetzeswerke dem Volke nahe zu bringen – doch an dieser rechtsethischen Arbeit gemangelt. Es sollte jedoch nicht übersehen werden, daß die Ausarbeitung der ethischen Grundlagen des sozialistischen Rechts durch alle Zweige der Rechtswissenschaft eine wichtige Voraussetzung für eine effektive sozialistische Rechtserziehung ist, und dafür ist, daß die Massen des Volkes das sozialistische Recht als Ausdruck ihres Willens und ihrer Interessen betrachten.

Eine solche wissenschaftliche Vorleistung würde auch die Arbeit der Betriebe, ihrer Arbeitskollektive sowie der Bewegung für vorbildliche Ordnung, Sicherheit und Disziplin in den Betrieben dienlich sein. Hier wird – um die Anknüpfung an mein Thema wieder herzustellen – die Erziehung der jungen Generation in besonderer Verantwortung fortgesetzt und in gewisser Hinsicht auch vollendet.

HERBERT GIEDING

Rechtserziehung der Lehrlinge – Wesentlicher Bestandteil der Erziehung des sozialistischen Facharbeiternachwuchses

Im Zuge der umfassenden Gestaltung der entwickelten sozialistischen Gesellschaft gewinnt die Verwirklichung und Weiterentwicklung des sozialistischen Rechts zunehmend an Bedeutung. Ein wesentlicher Faktor in diesem objektiv begründeten Prozeß ist die Ausprägung und Vertiefung des Rechtsbewußtseins der Werktätigen.
Besonders wichtig und bedeutsam ist die Vertiefung der Rechtskenntnisse und die Festigung des Rechtsbewußtseins unter den Lehrlingen, unseren künftigen sozialistischen Facharbeitern. Ein erster Grund dafür liegt in der sozialen Rolle und Stellung der Lehrlinge. Geht man davon aus, daß das sozialistische Recht Ausdruck der Macht der Arbeiterklasse[1] ist, daß mit ihm die politischen Maßstäbe der Arbeiterklasse zu staatlich verbindlichen Verhaltensregeln erhoben werden[2], so wird deutlich, daß die Lehrlinge als Teil und Nachwuchs der Arbeiterklasse sich die rechtlichen Interessen, Moralauffassungen und Lebensvorstellungen der Arbeiterklasse zu eigen machen müssen.
Ein weiterer Grund ergibt sich aus dem Wesen des sozialistischen Rechts, das auf die revolutionäre Veränderung des Menschen, auf die Entfaltung aller schöpferischen Kräfte der Persönlichkeit gerichtet ist und aus dem gesellschaftlichen Auftrag der Berufsausbildung, die Persönlichkeitsentwicklung der künftigen sozialistischen Facharbeiter weiterzuführen. Das heißt nichts anderes, als daß Persönlichkeitsentwicklung im Rahmen der Berufsausbildung die Ausprägung normgemäßer Einstellungen und Gewohnheiten mit einschließt. Zu berücksichtigen ist ferner, daß der Lebensabschnitt zwischen dem 16. und 18. Lebensjahr, also die Berufsausbildung, für die Jugendlichen eine Phase besonders nachhaltiger und wirksamer Persönlichkeitsprägung ist. Doch nicht nur das, sondern es wird auch deutlich, daß mit den Ergebnissen der Rechtserziehung die Lösung weiterer Bildungs- und Erziehungsaufgaben wesentlich beeinflußt, ja man kann sagen, überhaupt erst möglich wird. So ist z. B. das beständige Erreichen der Facharbeiterleistung durch die jungen Facharbeiter nicht nur von ihren erworbenen fachlichen Kenntnissen und Fähigkeiten abhängig, sondern gleichermaßen von dem Verhalten gemäß den gesetzlichen und moralischen Normen auf dem Gebiet der Arbeit, des Arbeitsrechts, des Arbeitsschutzes u. ä. m.
Aus den genannten Gründen ergibt sich objektiv und zwingend die Notwendigkeit

---

[1] Vgl. E. Honecker, Bericht an den VIII. Parteitag, Dietz-Verlag Berlin 1971, S. 67.
[2] Vgl. P. Przybylski, „Sozialistische Gesetzlichkeit bewußt handhaben", Einheit (29) Berlin 1974, 12, S. 1411.

einer zielgerichteten, planmäßigen und umfassenden Rechtserziehung der Lehrlinge im Rahmen der Berufsausbildung. Das Ziel der Rechtserziehung innerhalb der Berufsausbildung im umfassenden Sinne besteht darin, das Rechtsbewußtsein und das Verhalten unseres Facharbeiternachwuchses entsprechend den Normen und Regeln des sozialistischen Rechts zu entwickeln und die Lehrlinge zu befähigen, daß sie als Staatsbürger und Facharbeiter aktiv an der Durchsetzung und der Ausgestaltung des sozialistischen Rechts mitwirken können. Das heißt, die Rechtserziehung der Jugendlichen im Rahmen ihrer Ausbildung zum Facharbeiter hat eine allgemeine und eine spezifische Seite, die einander gegenseitig bedingen. Allgemein betrachtet geht es zunächst darum, die in der Polytechnischen Oberschule begonnene Herausbildung des Rechtsbewußtseins fortzusetzen. Dabei sind die Lehrlinge detaillierter und umfassender mit dem Wesen des sozialistischen Rechts, mit den grundlegenden Rechten und Pflichten des sozialistischen Staatsbürgers, mit den Normen und Prinzipien des sozialistischen Rechts sowie der sozialistischen Ethik und Moral vertraut zu machen, sie zur Anerkennung und Achtung dieser Prinzipien zu führen und ihr Handeln auf deren Grundlage zur festen Gewohnheit zu machen. In enger Wechselwirkung damit sind den Lehrlingen aber auch gleichzeitig jene spezifischen Kenntnisse zu vermitteln, die sie als Nutzer und Anwender ihnen anvertrauter Produktionsmittel beherrschen müssen, d. h. Normen und Regeln der Nutzung und des Schutzes der Produktions- und Arbeitsmittel, der Ordnung und Sicherheit, der Disziplin, der Qualitätssicherung, der Materialökonomie, des Schutzes vor Unfällen, Havarien, Bränden und Störungen. Die spezifische Seite der Rechtserziehung der Lehrlinge besteht also darin, sie zur Ausübung und Einhaltung des sozialistischen Rechts in ihrem Arbeitsbereich, in ihrem Berufe bzw. Betrieb zu befähigen.
Aus diesen bisher dargelegten allgemeinen und objektiven Erfordernissen bzw. Zielstellungen leiten sich die prinzipiellen Positionen zur Stellung, zum Inhalt und zur Gestaltung der Rechtserziehung junger sozialistischer Facharbeiter ab.

1. Die Rechtserziehung der Lehrlinge ist ein unabdingbarer und fester Bestandteil der ideologischen Erziehung des sozialistischen Facharbeiternachwuchses. Sie ist deshalb auf das engste mit den übrigen Erziehungsbereichen wie Arbeitserziehung, patriotische Erziehung, moralische Erziehung, ästhetische Erziehung u. a. m. verknüpft.

2. Die Beherrschung der wichtigsten Rechtsnormen und die bewußte Verwirklichung der sozialistischen Gesetzlichkeit gehören zu den Persönlichkeitseigenschaften sozialistischer Facharbeiter. Daraus folgt, daß sich die Rechtserziehung im Rahmen der Berufsausbildung nicht auf die Vermittlung von Rechtskenntnissen beschränken kann, sondern auf die aktive Anwendung der sozialistischen Rechtsnormen gerichtet sein muß.

3. Die Rechtserziehung des Facharbeiternachwuchses im Rahmen der Berufsausbildung ist keine Ressortaufgabe dieses oder jenes Faches oder Lehrganges, sonders sie muß alle Abschnitte, Fächer und Lehrgänge sowie auch die außerunterrichtliche Erziehung gleichermaßen durchdringen. Das wiederum erfordert, die Rechtserziehung der Lehrlinge als Prinzip durch alle Lehrkräfte und Erzieher zu realisieren und sie als eigenständige Aufgabe systematisch verwirklichen.

4. In der Berufsausbildung bestehen durch die unmittelbare Verknüpfung mit dem Produktions- und Arbeitsprozeß vorteilhafte Bedingungen für die Entwicklung des

Rechtsbewußtseins der künftigen sozialistischen Facharbeiter. Diese Bedingungen gilt es nicht nur zielstrebig zu nutzen, sondern auch planmäßig auszugestalten.

5. Wirksame Zentren der Rechtserziehung sind die Arbeitskollektive. In ihren Reihen, bei der Erfüllung der Wettbewerbsverpflichtungen im täglichen Arbeitsprozeß verbindet sich die Festigung der Rechtskenntnisse mit den persönlichen Erfahrungen und der bewußten Anwendung der Rechtsnormen.

Ausgehend von den Orientierungen der Partei auf dem Gebiet des Rechts und insbesondere vom erwähnten Beschluß des Politbüros des ZK der SED, sind in den letzten Jahren bei der Realisierung dieser Grundsätze weitere Erfolge in der Rechtserziehung des Facharbeiternachwuchses erzielt worden. Im Mittelpunkt der Bestrebungen standen dabei

- die Vertiefung und Festigung der grundlegenden Rechtskenntnisse bei den Lehrlingen
- die weitere Durchsetzung des Prinzips der Rechtserziehung in allen Bereichen und Abschnitten der Berufsausbildung
- die Entfaltung einer vielgestaltigen, interessanten und wirksamen Rechtspropaganda außerhalb des Unterrichts
- die aktive Mitwirkung der Lehrlinge in gesellschaftlichen Gremien und Kommissionen für die Durchsetzung und Einhaltung des sozialistischen Rechts und
- die Durchsetzung der sozialistischen Rechtsnormen in den Einrichtungen der Berufsbildung.

Welcher Stand ist in den verschiedenen Formen der Rechtserziehung unseres Facharbeiternachwuchses erreicht worden?

Eine wesentliche Voraussetzung für die Aneignung der Rechtsnormen und für ihre Interiorisation als Maßstab und Grundlage normgemäßen Verhaltens ist die planmäßige und systematische Vermittlung von Rechtskenntnissen. Das ist eine unerläßliche, wenn auch keine ausreichende Bedingung für die Entwicklung des Rechtsbewußtseins. Es geht in diesem Fall also um das sozialistische Recht als Unterrichtsgegenstand. Hier ist zu verzeichnen, daß neben allgemeinen, d. h. für alle Berufe und Bereiche geltenden Normen des Arbeitsrechts vorrangig und in erster Linie die spezifischen, für den jeweiligen Beruf typischen Grundsätze und Normen des Arbeitsschutzes, des Brandschutzes, der Ordnung, Sicherheit und Disziplin sowie des Umweltschutzes gelehrt werden. Diese Rechtsnormen sind entweder in die verschiedensten Stoffgebiete des berufstheoretischen und des berufspraktischen Unterrichts eingeordnet oder sie stellen selbst eigenständige Themen im Rahmen der einzelnen Fächer und Lehrgänge dar. Das betrifft vor allem berufsspezifische, mit der Ausführung bestimmter Arbeiten oder Dienstleistungen in Zusammenhang stehende Rechtsvorschriften wie z. B. Festlegungen des ZIS über die Ausführung von Schweißarbeiten, Bestimmungen über Garantieleistungen und Käuferrecht im Handel, Richtlinien der Deutschen Bauordnung u. v. a. m. Derartige Inhalte gehören zur Theorie oder Praxis des jeweiligen Berufes und sind seit längerem feste Bestandteile der Lehrpläne. Sie werden bei der Umsetzung dieser Lehrpläne zunehmend besser realisiert. Eine neue Qualität erreichte die Bildungs- und Erziehungsarbeit auf diesem Gebiet durch die vom Staatssekretariat für Berufsbildung in Zusammenarbeit mit dem Staatssekretariat für Arbeit und Löhne herausgegebene „Instruktion zur Behandlung von Aufgaben der Materialökonomie, des

Schutzes vor Unfällen, Bränden und Havarien, der sozialistischen Landeskultur und des sozialistischen Arbeitsrechts bei der Verwirklichung der staatlichen Lehrpläne für die sozialistische Berufsbildung" vom 15. 5. 1974[3].

Mit dieser Instruktion erhielten die Lehrkräfte und Erzieher der Berufsbildung erstmals eine einheitliche Orientierung für die Behandlung ausgewählter Probleme der Rechtserziehung bei der Realisierung der staatlichen Lehrpläne. Außerdem enthält die Instruktion konkrete Festlegungen zum Inhalt der Rechtserziehung sowie methodisch-organisatorische Hinweise für ihre Gestaltung. Damit wurde erreicht, daß

- in allen Fächern und Lehrgängen des theoretischen und berufspraktischen Unterrichts aller Berufe eine Vermittlung ausgewählter Rechtskenntnisse vorgenommen und die Rechtserziehung weiterentwickelt wurde, unabhängig davon, ob dazu Festlegungen in den Lehrplänen enthalten sind oder nicht;
- die Vermittlung der Rechtskenntnisse auf den genannten Gebieten und die Rechtserziehung auf der Grundlage der Lehrplanforderungen zu diesen Inhalten einheitlich und in der gleichen Zielrichtung erfolgt und daß
- die Potenzen der Lehrpläne sowie des Unterrichts in methodisch-organisatorischer Hinsicht deutlicher gemacht und die guten Erfahrungen weiter verbreitet wurden. Gleichzeitig wird die Rechtserziehung mehr und mehr zum immanenten Bestandteil und zum Prinzip jeglicher Bildungs- und Erziehungsarbeit bei der Heranbildung des Facharbeiternachwuchses. Besonders in den ideologieintensiven Fächern Staatsbürgerkunde und Betriebsökonomik wird maßgeblich zu einer breiten politisch-moralischen Fundierung der Rechtskenntnisse und des Rechtsbewußtseins beigetragen.

Wesentliche Potenzen und Möglichkeiten zur Vertiefung und Festigung der Rechtskenntnisse sowie zur Ausprägung des Rechtsbewußtseins der künftigen Facharbeiter liegen in der Gestaltung des sozialistischen Berufswettbewerbs. Dort, wo die Lehrlinge gemeinsam mit ihren FDJ- und Gewerkschaftsfunktionären unterstützt von den Lehrkräften und Erziehern ihre Anstrengungen und Verpflichtungen im sozialistischen Wettbewerb auf das Arbeiten und Lernen konzentrieren, gewinnt auch die Durchsetzung von Ordnung, Disziplin und Sicherheit zunehmend an Bedeutung. Bei ihrer Arbeit erkennen die Lehrlinge in der Einhaltung der gesetzlichen Bestimmungen und der Festigung der sozialistischen Gesetzlichkeit wichtige Faktoren zur Intensivierung der Produktion und zur Steigerung ihrer Leistungen.

Große Aufmerksamkeit wird der Ausprägung der sozialistischen Arbeitsmoral und des Rechtsbewußtseins der Lehrlinge während ihres unmittelbaren Einsatzes in den Arbeitskollektiven gewidmet. Die Bedeutung dieses Abschnittes der Berufsausbildung für die Rechtserziehung liegt vor allem darin, daß die Lehrlinge während dieser Zeit

- die Wirksamkeit der Rechtsnormen unter den konkreten Bedingungen des Produktions- und Arbeitsprozesses erleben,
- voll in den Arbeitsrhythmus und das Schichtsystem einbezogen sind und gemeinsam mit erfahrenen klassenbewußten Arbeitern das sozialistische Recht durchsetzen und
- bei der Lösung komplexer und komplizierter Arbeitsaufgaben selbst Verantwortung für die Einhaltung sozialistischer Rechtsvorschriften tragen.

Dabei werden die im bisherigen Verlauf der Lehrzeit vorwiegend unter theoretischem

[3] Vgl. Verfügungen und Mitteilungen des Staatssekretariats für Berufsbildung Nr. 6/74, S. 72 f.

Aspekt erworbenen Rechtskenntnisse für die Lehrlinge persönlich bedeutsam und zu Grundlagen ihres eigenen Handelns.
Die Möglichkeiten und Methoden der Rechtserziehung erschöpfen sich aber keineswegs in den verschiedenen Formen des theoretischen und berufspraktischen Unterrichts. Ein sehr wichtiger Faktor bei der Rechtserziehung der Lehrlinge ist die gesamte außerunterrichtliche Arbeit. In zahlreichen Einrichtungen der Berufsbildung gehören deshalb vielgestaltige Formen und Maßnahmen der Freizeitgestaltung zu einer interessanten und wirksamen Rechtserziehung. Dabei reicht die Skala von der gelegentlichen Beschäftigung mit den Problemen des sozialistischen Rechts bis zu einer systematischen und zielgerichteten Zirkeltätigkeit.
Allen diesen Aktivitäten ist eines gemeinsam, nämlich die enge Zusammenarbeit von staatlicher Leitung, FDJ-Organisation und FDGB, die vielgestaltige, wirksame Unterstützung durch die Rechtspflegeorgane sowie die breite Vielfalt der Themen und Möglichkeiten, die die Jugendlichen zur aktiven Mitwirkung anregen. Gerade die eigene aktive und ideenreiche Mitarbeit der Lehrlinge bei der Durchsetzung des sozialistischen Rechts ist ein wichtiges Element der Rechtserziehung. Auch die Möglichkeiten dafür sind zahlreich und in allen Bereichen der Berufsausbildung vorhanden. Es ist auch zu verzeichnen, daß die Lehrlinge mit wachsender Bereitschaft in den FDJ-Kontrollposten, in den Kommissionen und Aktivs zur Gewährleistung von Ordnung und Sicherheit, in den Organen der Selbstverwaltung und Selbsterziehung im Rahmen der Lehrlingswohnheime und anderen gesellschaftlichen Gremien mitwirken. Wichtig ist, daß alle genannten Formen der Rechtserziehung koordiniert und abgestimmt auf das einheitliche Ziel gerichtet sind, sozialistische Facharbeiterpersönlichkeiten heranzubilden, die das sozialistische Recht nicht nur bejahen, sondern auch bewußt und aktiv verwirklichen.[4]
Die Hauptarbeit der Rechtserläuterung und Rechtserziehung in der Berufsausbildung wird von den Lehrkräften und Erziehern geleistet. Eine wesentliche Voraussetzung für die erfolgreiche rechtserzieherische Tätigkeit der Lehrkräfte, Erzieher und Leiter der Berufsausbildung ist ihre Qualifikation auf diesem Gebiet. Um sie besser auf ihre künftige Tätigkeit vorzubereiten, erhalten ab 1. 9. 1974 alle Studenten in der Ausbildung zum Berufsschullehrer, zum Ingenieurpädagogen und zum Erzieher der Berufsausbildung wesentliche Kenntnisse des sozialistischen Rechts als Bestandteil ihres marxistisch-leninistischen Grundlagenstudiums vermittelt.
Bei allen bisherigen Erfolgen und Fortschritten in der Entwicklung des Rechtsbewußtseins unseres Facharbeiternachwuchses müssen jedoch angesichts der wachsenden Anforderungen Qualität und Wirksamkeit der Rechtserziehung weiter erhöht werden. Dazu sind sowohl die guten Ergebnisse weiter auszubauen und die gewonnenen Erfahrungen zu verallgemeinern als auch prinzipiell neue Wege zu beschreiten.
Ausgehend vom erreichten Stand und von den herangereiften Erfordernissen beriet das Sekretariat des ZK der SED im Juni 1975 Maßnahmen auf dem Gebiet der Berufsausbildung. Eingeschlossen in diese Beratung waren auch die Aufgaben der Rechtserziehung sowie eine weitere Niveauerhöhung der Ausbildung auf den Gebieten des Arbeits-, des Gesundheits-, des Umwelt- und Brandschutzes bei allen Lehrlingen.
Im Rahmen der Lösung dieser Aufgaben wird daran gearbeitet, die systematische Ver-

---

[4] Vgl. P. Przybylski, a. a. O., S. 1415.

mittlung von Rechtskenntnissen an den sozialistischen Facharbeiternachwuchs zu vervollkommnen. Ausgehend von sowjetischen Erfahrungen und unter Berücksichtigung der Ergebnisse mehrjähriger Untersuchungen des Zentralinstituts für Berufsbildung in dem Forschungszentrum Halle/Neustadt wurde der Inhalt der grundlegenden zu vermittelnden Rechtskenntnisse bestimmt und ein eigenständiger Lehrgang „Sozialistisches Recht" konzipiert.

Dessen Ziel ist es, allen Lehrlingen in jedem Beruf einheitliche Wesenszüge, Grundsätze und Aufgaben des sozialistischen Rechts im Rahmen einer planmäßigen und systematischen Stoffvermittlung zu erläutern. Damit wird gleichzeitig die Grundlage für die Einordnung aller spezifischen Rechtskenntnisse in die Zusammenhänge des sozialistischen Rechts als Ganzes geschaffen. Des weiteren würden allen Lehrlingen in diesem Lehrgang erstmals grundlegende und vertiefende Kenntnisse auf den Gebieten des Familien- und des Strafrechts im Rahmen der Berufsbildung vermittelt werden.

Das hieße außerdem, daß die allgemeinen Normen und Grundsätze des Arbeitsrechts, des Gesundheits-, des Arbeits- und Brandschutzes aus den berufsspezifischen Lehrplänen herausgenommen und noch besser als bisher für alle Lehrlinge einheitlich gelehrt werden könnten. Damit würde erreicht, daß in den spezifischen Lehrplänen des berufstheoretischen und berufspraktischen Unterrichts mehr Zeit für die spezifisch beruflichen Inhalte der Rechtserziehung zur Verfügung stünden.

Diese weitere Erhöhung des Niveaus der Rechtserziehung erfordert jedoch unbedingt die theoretische Durchdringung und wissenschaftliche Erschließung dieses Prozesses unter Nutzung der Erfahrungen, um den Lehrkräften und Erziehern theoretisch fundierte und praktikable Grundsätze für die inhaltliche und methodische Gestaltung ihrer Arbeit auf diesem Gebiet übergeben zu können. Hier ist sicherlich eine enge wissenschaftliche Gemeinschaftsarbeit von Juristen, Pädagogen und Psychologen zu Wesen, Rolle und Stellung des Rechtsbewußtseins und den Wegen zu seiner Entwicklung vonnöten.

Zu den Bedingungen und Voraussetzungen einer verbesserten Vermittlung von Rechtskenntnissen gehört ferner die Ausarbeitung und Entwicklung von Unterrichtsmitteln sowie entsprechender Literatur. Dabei kommt es darauf an, die Filme, Diapositive, Anschauungstafeln u. a. m. auszuarbeiten, vor allem aber die Literatur für die Hand des Lehrlings anschaulich, eindringlich und emotional wirksam zu gestalten. Auch das ist ohne die Mithilfe erfahrener Juristen nicht zu bewältigen.

Insgesamt kann man einschätzen, daß die zielstrebige Ausgestaltung der Rechtserziehung innerhalb der Berufsausbildung des weiteren Ausbaus der bewährten Gemeinschaftsarbeit von Lehrkräften, Erziehern und Juristen bedarf. Deshalb ist die wirkungsvolle Unterstützung der gesamten unterrichtlichen und außerunterrichtlichen Arbeit, von der Schaffung der Bedingungen bis zur Durchführung der Bildungs- und Erziehungsarbeit, durch die Rechtspflegeorgane eine wesentliche Voraussetzung für die qualitative Entwicklung des Rechtsbewußtseins unseres sozialistischen Facharbeiternachwuchses.

HEINZ SUCH †

Rechtsbewußtsein und wissenschaftlich-technischer Fortschritt

Es gehört zu den charakteristischen Wesensmerkmalen des sozialistischen Rechts, daß es in zwei Richtungen wirkt, die unmittelbar miteinander verbunden sind. Für die Entwicklung und Festigung des sozialistischen Rechtsbewußtseins, für die Erreichung seiner vollen Wirksamkeit ist es von großer Bedeutung, die Unterschiedlichkeit der beiden Wirkungsrichtungen in ihrer inneren Einheitlichkeit zu erfassen und zu propagandieren.

Einmal wirkt das sozialistische Recht – das ist der im breiten Umfang in das Bewußtsein aufgenommene Aspekt – in der Verhütung und Bekämpfung gesellschaftsgefährlicher, vermögensschädigender sowie die Ordnung und Disziplin verletzender Handlungen. In den verschiedenen Formen der rechtlichen Verantwortlichkeit dient es der Bekämpfung jeglicher Art von Rechtsverletzungen, der Durchsetzung der sozialistischen Gesetzlichkeit. Der Klasseninhalt, der gesellschaftliche Sinn dieser Wirkungsrichtung des sozialistischen Rechts resultiert daraus, daß es die Verhaltensregeln, Anforderungen und Maßstäbe für das bewußte Verändern und Umgestalten der gesellschaftlichen Verhältnisse in Richtung der weiteren Entwicklung der sozialistischen Gesellschaft und ihres allmählichen Übergangs zum Kommunismus enthält. In ihm sind für alle verbindlich die Anforderungen, Maßstäbe und Verhaltensregeln für das dazu erforderliche etappen- und schrittweise Vorgehen entsprechend den objektiven Erfordernissen und ihrer fortschreitenden Entwicklung enthalten. Die Festlegung der gesellschaftlichen Zielstellungen, der hauptsächlichen Wege, Bedingungen und Mittel ihrer Realisierung ist Aufgabe der Partei der Arbeiterklasse. Sie wird unter Mitwirkung der Werktätigen und in gründlicher Auswertung ihrer Erfahrungen gelöst. Diese Festlegungen sind grundlegende Voraussetzungen für die Gesetzgebung und für die Rechtsverwirklichung. Die in den Rechtsnormen, z. B. in den Gesetzen über den Fünfjahrplan und die Jahresvolkswirtschaftspläne enthaltenen Zielstellungen, Hauptwege und Hauptproportionen des Mitteleinsatzes werden im Prozeß der Rechtsverwirklichung schöpferisch präzisiert und realisiert. Diese Richtung der Wirkungsweise des sozialistischen Rechts verdeutlicht die Einheit und Verbindung der Politik der Arbeiterklasse, der staatlichen Politik und des Rechts. Sie zeigt den wechselseitigen Zusammenhang von Parteibeschluß und Rechtsnorm, seiner Realiserung und der Rechtsverwirklichung.

Es gibt kein anderes staatliches Leitungsmittel als das sozialistische Recht, um für die im sozialistischen Staat unter Führung der Partei der Arbeiterklasse organisierte Gesamtheit der Werktätigen die Erfordernisse der objektiven Entwicklungsgesetzmäßigkeiten zum verbindlichen Inhalt ihres täglichen Lebens zu machen. Diese gestaltende, organisierende, auf das bewußte Handeln der Menschen gerichtete Wirkungsrichtung des sozialistischen Rechts muß im zunehmenden Maße bestimmender Inhalt des sozialistischen Rechtsbewußtseins werden, muß die Einstellung zum sozialistischen Recht, die Mitwirkung an der täglichen Rechtsverwirklichung und an der Weiterentwicklung der Rechtsetzung bestimmen. Die Verhütung und Bekämpfung jeglicher Art von Rechtsverletzungen ist eine spezifische und ihr eingeordnete Wirkungsrichtung. Das sozialistische Recht dient in seiner Gesamtheit der bewußten Verwirklichung des objektiv Notwendigen in der Variante, wie sie im geltenden Recht aufgenommen worden ist. Es dient der Verhütung und Bekämpfung allen Verhaltens, das ihm widerspricht, seiner Realisierung entgegensteht oder sie hemmt. Das heißt, daß das sozialistische Recht zunächst primär im Prozeß der gestaltenden Rechtsverwirklichung gesellschaftswirksam wird. Die auf die Bekämpfung von Rechtsverletzungen orientierte Betrachtung beschränkt die „Rechtsanwendung" auf die staatliche Tätigkeit.

Gerade für die Erhöhung der Rolle des Rechts und für die Wirksamkeit des Rechtsbewußtseins im Prozeß der Gestaltung der entwickelten sozialistischen Gesellschaft ist die gesellschaftsorganisierende Wirkungsrichtung des sozialistischen Rechts von wesentlicher Bedeutung. Dabei ist die Entwicklung der Wissenschaft zur Produktivkraft und zur Triebkraft des gesamten gesellschaftlichen Lebens ein dominanter Prozeß. Die geistig-schöpferische Arbeit wird hierbei immer mehr zu einem bestimmenden Faktor in der materiellen Produktion und zugleich in der Vervollkommnung der Leitungstätigkeit der gesamten Gesellschaft. Ohne volles Wirksamwerden des sozialistischen Rechts ist dieser Gesamtprozeß nicht zu realisieren. Die Entwicklung und inhaltliche Vertiefung des sozialistischen Rechtsbewußtseins ist dazu wesentliche Voraussetzung.

Aus diesem vielseitigen und komplizierten Prozeß soll besonders auf eine Seite im Bereich der sozialistischen Wirtschaft hingewiesen werden: die mit der weiteren sozialistischen Vergesellschaftung der Produktion und der Arbeit fortschreitende Vertiefung der Arbeitsteilung und die Entwicklung der geistig-schöpferischen Potenzen des Werktätigen, die die breite und allseitige Entfaltung seiner Persönlichkeit ermöglicht und damit im diametralen Gegensatz zu der mit der kapitalistischen Vertiefung der Arbeitsteilung verbundenen Einengung und Verkümmerung seiner Fähigkeiten und Fertigkeiten steht. Von ihr sagt K. Marx: „Eine gewisse geistige und körperliche Verkrüppelung ist unzertrennlich selbst von der Teilung der Arbeit im ganzen und großen der Gesellschaft".[1]

In der sozialistischen Wirtschaft und Gesellschaft steht erstmalig die Aufgabe, den Prozeß der Vergesellschaftung, die gesellschaftliche und die damit in neuer Art verbundene betriebliche Arbeitsteilung (in der Wirtschaft, in der Leitungstätigkeit, in Bereichen außerhalb der Wirtschaft) bewußt, planmäßig mittels des sozialistischen Rechts zu gestalten. Grundlegende Formen der wirtschaftlichen Tätigkeit, wie VVB, VEB, Kombinat, Kombinatsbetrieb, Betriebsteil, gemeinsame Wirtschaftsorganisationen sowie neue Formen des kombinierten Zusammenwirkens der verschiedenen Wirtschaftseinheiten wurden entwickelt. Im Rahmen der Vorbereitung der Rechtsetzung

[1] K. Marx/F. Engels, Werke, Bd. 23, S. 384.

und vor allem der Rechtsverwirklichung, bei der Ermittlung und flexiblen Anwendung der generellen Organisationsformen im Einklang mit den jeweiligen konkreten Erfordernissen, wirken die Werktätigen an der planmäßigen Gestaltung der Organisationsformen der sozialistischen Vergesellschaftung mit den Mitteln des Rechts mit. Die fortschreitende Vertiefung der Arbeitsteilung – als einer ihrer Teilprozesse – wird zu einem Feld der Betätigung und Entwicklung der geistig-schöpferischen Fähigkeiten der arbeitenden Menschen. Durch die Mitwirkung an der Vervollkommnung der staatlichen Leitung der Wirtschaft und Gesellschaft werden Erfahrungen des gesellschaftswirksamen Handelns angeeignet. Auch durch die Mitwirkung der Werktätigen bei der Gestaltung der Arbeitsteilung, der sozialistischen Vergesellschaftung insgesamt mit den Mitteln des Rechts, findet die zunehmende geistig-schöpferische Tätigkeit ihr Betätigungsfeld. Sie kommt hier als geistig-schöpferische Arbeit in der Mitwirkung an der Leitung der Wirtschaft und Gesellschaft, an der Machtausübung zum Ausdruck.

Grundlage dafür ist das sozialistische staatliche Eigentum und die sozialistische Staatlichkeit. Die Einheit der Tätigkeit des arbeitenden Menschen als unmittelbarer Produzent, als Eigentümer der hauptsächlichen Produktionsmittel in Gestalt seines Staates und als Träger der Staatsmacht führt das Denken und Handeln über den Betrieb hinaus. Es entwickelt sich zum Denken und Handeln im Rahmen des Industrie- und Wirtschaftszweiges und zunehmend im Rahmen der gesamten Gesellschaft. Ein wesentlicher Ansatzpunkt des überbetrieblichen, gesamtgesellschaftlichen Denkens und Handelns ist die Mitwirkung am Rechtsverwirklichungs- und Rechtsetzungsprozeß.

Die geistig-schöpferische Arbeit wirkt in ihrer Einheit zugleich in der Machtausübung und im produktiven Bereich. Die in ihr zum Ausdruck kommende Anwendung der Wissenschaft wirkt somit als Einheit von Gesellschafts- und Naturwissenschaft. Die wissenschaftlich-technische Arbeit, insbesondere die Arbeit der Neuerer und Rationalisatoren, kommt von ihrem Ausgangspunkt her unmittelbar im Betrieb zur Anwendung. Sie erhält zunehmend Gewicht für den Produktionserfolg, für die Überbietung, Erfüllung und Übererfüllung der Pläne. Sie wirkt zugleich in wachsendem Grad im „überbetrieblichen" Rahmen. Dieses „Überbetriebliche" erscheint in der Vorstellung und teils auch in der rechtlichen Regelung als etwas „Zusätzliches". In Wirklichkeit ist es Symptom des Wesens der sozialistischen Vergesellschaftung der Produktion und der Arbeit. Im Prozeß der Gestaltung der reifen sozialistischen Gesellschaft wird die manuelle und mechanisierte Arbeit schrittweise durch Teil- und Vollautomatisierung abgelöst, und der arbeitende Mensch wird zum Schöpfer, Organisator und Kontrolleur der automatisierten Maschinensysteme. Mit anderen Worten: der Prozeß der Verbindung der vergegenständlichten Produktivkräfte mit der menschlichen produktiven – geistig-schöpferischen – Arbeit, die unmittelbare Wirtschaftstätigkeit, erhält zunehmend „überbetrieblichen", schließlich gesamtgesellschaftlichen Charakter. Nach dem gegenwärtigen Entwicklungsstand äußert sich der gesamtwirtschaftliche Charakter dieser Verbindung vor allem in der staatlichen Leitungstätigkeit, der Tätigkeit der Leitungsorgane der Wirtschaft.

Die Anwendung der wissenschaftlich-technischen Ergebnisse in der Produktion bestimmt in hohem Grad Wege und Formen der sozialistischen Vergesellschaftung der Produktion, die Vertiefung der Arbeitsteilung und die Herausbildung neuer Formen der kombinierten Arbeit. Die Entstehung und Festigung der Kombinate ist dafür ein aktuelles Beispiel. Die geistig-schöpferische Tätigkeit wirkt sowohl im produktiven

Bereich als auch in der Machtausübung, in der Leitung von Wirtschaft und Gesellschaft. Ihre zunehmende Wirksamkeit in beiden Bereichen ist aufs engste inhaltlich miteinander verbunden.

Ohne das Recht läßt sich dieser Gesamtprozeß nicht verwirklichen, von seiner Wirksamkeit hängt in hohem Grade Tempo und Erfolg ab. Es ist notwendig, daß diese Rolle des Rechts in der entwickelten sozialistischen Gesellschaft bestimmender Inhalt des Rechtsbewußtseins der Leiter und der Kollektive wird. Für die erforderliche Entwicklung der sozialistischen Rechtsnormen zu sozialistischen Gewohnheiten, zu Sozialnormen, die wegen ihrer Richtigkeit und der Rationalität und Effektivität des ihnen entsprechenden Verhaltens, das seiner Genese nach stets schöpferische Rechtsverwirklichung ist, ist die Festigung und inhaltliche Profilierung des sozialistischen Rechtsbewußtseins von entscheidender Bedeutung.

UWE-JENS HEUER

Probleme des sozialistischen Rechtsbewußtseins unter dem Aspekt des sozialistischen Wirtschaftsrechts

Im folgenden werden einige Fragen der besonderen Bedeutung des Rechtsbewußtseins für die Wirksamkeit des Wirtschaftsrechts erörtert. Es ist davon auszugehen, daß das Rechtsbewußtsein eine wichtige Bedingung für die Wirksamkeit des sozialistischen Rechts ist. Gute Normen allein sind keine Garantie dafür, daß die Gesellschaft in der durch diese Normen gewiesenen Richtung verändert wird. Ich verweise auf den Beitrag von Lekschas, der auf die Fragen des Rechtsbewußtseins besonders im Zusammenhang mit dem Strafrecht eingegangen ist und zugleich auf die Bedeutung ethischer Grundwerte für alle Rechtszweige hingewiesen hat.

Für das Wirtschaftsrecht gilt diese Fragestellung in besonderer Form. Die wirtschaftsrechtlichen Normen sind notwendiger Bestandteil des Systems der staatlichen Leitung und Planung. Sie sind Bestandteil der bewußten Gestaltung der wirtschaftlichen Verhältnisse durch den sozialistischen Staat. Diese Gestaltung ist damit in ihrer Zielstellung einerseits komplex und andererseits auf kürzere Zeiträume angelegt. In diesem Rahmen wirkt auch das Rechtsbewußtsein. Analysen des Rechtsbewußtseins stehen damit in engstem Zusammenhang mit Fragen der Wirtschaftspolitik und müssen in ihre Zielstellungen eingeordnet sein.

Die Bedeutung des Rechtsbewußtseins im Bereich der Volkswirtschaft ist in den letzten Jahren durch Partei und Regierung sehr nachdrücklich hervorgehoben worden. Besonders die Beschlüsse des Politbüros vom 30. 5. 1974 und des Ministerrates vom 13. 6. 1974 zu Fragen der Rechtspropaganda, des Rechtsbewußtseins sowie der Rechtsarbeit in der Volkswirtschaft hatten positive Auswirkungen auf die Einstellung zum sozialistischen Recht und führten zur wachsenden Bereitschaft, Auseinandersetzungen um die Einhaltung der sozialistischen Gesetzlichkeit.

Die Notwendigkeit der strikten Einhaltung des sozialistischen Rechts ist heute noch gewachsen. Auf dem 13. Plenum des ZK der SED und den folgenden Tagungen wurde die Forderung nach verschärfter Intensivierung der Produktion gestellt.

Die Komplexität der volkswirtschaftlichen Verflechtungen und damit die wechselseitige Abhängigkeit nimmt sowohl innerhalb der DDR als auch international im Rahmen des RGW zu. Genosse Honecker erklärte auf dem 15. Plenum: „Die Leiter und die Parteiorganisationen brauchen überall volle Klarheit darüber, was in der Volkswirtschaft geschieht, wenn auch nur ein Planteil des Betriebes nicht erfüllt wird, wenn nur eine Aufgabe des Planes Wissenschaft und Technik in Rückstand gerät, wenn die festgelegte Qualität eines Erzeugnisses nicht erzielt wird. Unweigerlich ergeben sich Auswirkungen auf den Kooperationspartner, auf den Abnehmer, auf den Export, auf die Versorgung der Bevölkerung" (S. 40). Die erforderliche erhöhte Kontinuität, Stabilität und Verläßlichkeit sind ohne Kampf gegen Ressort-, Zweig-, Betriebs- und Territorialegoismus auch mit den Mitteln des Rechts, ohne Festigung des sozialistischen Rechtsbewußtseins nicht zu erreichen.

In der Diskussion zur begrifflichen Bestimmung des sozialistischen Rechtsbewußtseins wird gewöhnlich zwischen gesellschaftlichem und individuellem Bewußtsein unterschieden. Dabei wird das gesellschaftliche Bewußtsein häufig mit gesellschaftlichen Institutionen in Verbindung gebracht. Es wird auch als relativ verselbständigtes fixiertes System bezeichnet (vgl. etwa den Artikel von T. Hahn in der Deutschen Zeitschrift für Philosophie 1974 Heft 4). Hier geht es nicht um dieses gesellschaftliche Rechtsbewußtsein, sondern um individuelles Bewußtsein im Prozeß der Rechtsverwirklichung, um das Bewußtsein, das oft – mit einem m. E. wenig zutreffenden Ausdruck – als Alltagsbewußtsein bezeichnet wird. Dabei ist hier nicht das Bewußtsein eines einzelnen Menschen, sondern typisches und damit für Leitungsschlußfolgerungen geeignetes Bewußtsein gemeint.

Für das Wirtschaftsrecht geht es vor allem um das Rechtsbewußtsein der Leiter. Wir sehen in ihm den Schlüsselpunkt für unsere Arbeit. Ihr Rechtsbewußtsein hat große Bedeutung für das Rechtsbewußtsein der Kollektive.

Das Rechtsbewußtsein umfaßt Kenntnisse, Einstellungen und Motivationen. Die Frage, welche Rechtskenntnisse der Leiter haben muß, ist sicher differenziert zu beantworten. Hierher gehört auch das Verhältnis von Leiter und Jurist.

Ein bestimmtes Minimum an Rechtskenntnissen ist erforderlich. Aber für die Wirksamkeit des sozialistischen Rechts ist entscheidend die Frage der Einstellung des Leiters zum sozialistischen Recht, seine Ideologie. Wenn der Leiter davon ausgeht, daß er Rechtskenntnisse braucht, so wird er sie sich auch beschaffen. Natürlich gibt es dabei auch Wechselwirkungen.

Welches ist der Maßstab der Einstellung zum Recht? Der entscheidende Maßstab kann zunächst nur das geltende Recht, seine Prinzipien, sein Klassenwesen sein. Ich halte es für sehr problematisch, wenn die Einstellung zum konkreten geltenden Recht abgewertet und sie der Einstellung zum Klassenwesen gegenübergestellt wird. Der entscheidende Maßstab des Rechtsbewußtseins muß die Bereitschaft zur Einhaltung des geltenden Rechts sein.

Unsere erste und Hauptaufgabe in der Volkswirtschaft ist die Durchsetzung des geltenden Rechts. Dazu muß der Kenntnisstand und die Einstellung zum sozialistischen Recht bekannt sein. Das auf die konkreten Normen bezogene Rechtsbewußtsein als bloßes Regelungsbewußtsein abzuwerten, das nur Mittel zum Zweck sein könnte, ist, wie Probleme aus der Praxis aufzeigen, unrichtig.

Es kann grundsätzlich festgestellt werden, daß die Einstellung der Leiter zum sozialistischen Recht positiv ist. Sie erkennen, daß das sozialistische Recht ein notwendiges Mittel für die Verwirklichung unserer Ziele, ein unentbehrliches Instrument der Organisation der Volkswirtschaft ist. Zugleich gibt es aber verschiedene Auffassungen, die die Wirksamkeit des Rechts mindern. Diese Auffassungen sind auf unterschiedliche objektive und subjektive Ursachen zurückzuführen. Die ideologische Auseinandersetzung muß deshalb differenziert geführt und mit der Aufdeckung und Bekämpfung der Ursachen verbunden werden.

Ein Kernproblem bildet das Verhältnis von Gesetzlichkeit und ökonomischer Zweckmäßigkeit oder sogar wirklicher oder vermeintlicher ökonomischer Notwendigkeit. Diese Problematik wäre vereinfacht durch den Hinweis dargestellt, es gehe nur darum, die Gesetze einzuhalten. Die Auseinandersetzung mit diesem Problem erfordert ein tieferes Eindringen in die Fragestellung. Aus häufigen Erklärungen der Leiter „Wir wollen ja das Recht befolgen, aber die ökonomischen Anforderungen stehen dem entgegen“ wird die Schlußfolgerung abgeleitet: Erst müssen alle ökonomischen Fragen gelöst werden, dann kann das Recht auch erfolgreich wirken, dann darf und muß man auch die Frage des Rechtsbewußtseins stellen.

Was ist bei der Auseinandersetzung mit solchen Auffassungen zu sagen? Ich möchte das an einem Beispiel erläutern.

Ein Betrieb der Leichtindustrie erfüllt abgeschlossene Verträge nicht, weil er nach seiner Auffassung die planmäßig vorgesehene Warenproduktion nur dann erbringen kann, wenn er das Sortiment diesem Zweck entsprechend günstiger gestaltet. Stehen hier wirklich ökonomische Zweckmäßigkeit und Gesetzlichkeit gegenüber?

In Wirklichkeit handelt es sich um zwei unterschiedliche – und grundsätzlich auch berechtigte – gesellschaftliche Anforderungen an den Betrieb, nämlich hohe Warenproduktion zu bringen und bedarfsgerecht zu produzieren. Beide Anforderungen soll er befolgen, beide sind rechtlich verankert, wenn auch in unterschiedlicher Form mit unterschiedlichen Sanktionen. Prinzipiell ist deshalb zu fordern, daß beiden Anforderungen entsprochen wird. Natürlich gibt es tatsächlich Fälle des Widerspruchs, in denen die Verflechtung gesellschaftlich nicht beherrscht wurde. Es kann die Situation bestehen, daß die unterschiedlichen rechtlich verankerten Anforderungen im Einzelfall oder sogar in größerem Umfang – das würde allerdings eine Korrektur der rechtlichen Regelung erfordern – in Widerspruch zueinander stehen. Es darf nicht zugelassen werden, daß immer dann, wenn sich bei der Rechtsverwirklichung Probleme ergeben, in die Rechtsverletzung ausgewichen wird. Grundsätzlich drückt die Vielfalt der rechtlichen Anforderungen die Komplexität der gesellschaftlichen Notwendigkeiten aus.

Vertragsverletzungen im Interesse höherer Warenproduktion sind im Prinzip als Verletzung der Staatsdisziplin zu qualifizieren. Hinter den Zweckmäßigkeitsargumentationen verbirgt sich nicht selten in Wahrheit ein den volkswirtschaftlichen Gesamtinteressen, die in der Rechtsnorm ausgedrückt sind, entgegenstehender Betriebs-, Zweig- oder Territorialegoismus. Verwirklichung der Gesetzlichkeit erfordert, daß streng zwischen solchem zu verwerfenden Egoismus und echten, für den Betrieb nicht lösbaren Widersprüchen unterschieden wird. Die wachsende Interessenübereinstimmung als Haupttriebkraft der gesellschaftlichen Entwicklung bedeutet aber nicht volle und ständige Übereinstimmung. Das Recht, auch das Wirtschaftsrecht, hat die Aufgabe, bei Widersprüchen die gesamtgesellschaftlichen Interessen zu formulieren und deren Durchsetzung zu gewährleisten. Bei einem Konflikt zwischen Lieferer und Besteller muß durch das Recht entschieden werden, wessen Interessen im konkreten Fall den Vorrang haben, weil sie den Gesamtinteressen entsprechen. Eine Verbesserung der ökonomischen Stimuli kann derartige Konflikte verringern und abschwächen. Aus den Erfahrungen muß der Schluß gezogen werden, daß es eine Illusion ist, einen absoluten Automatismus ökonomischer Stimuli zu erwarten, welcher der Notwendigkeit enthebt, die Frage der Gesetzlichkeit als Frage der gesellschaftlichen Disziplin zur Durchsetzung der Gesamtinteressen zu stellen.

Damit sei auf die ausschlagende Problematik, die ideologische Bewertung des Rechts hingewiesen. Es geht um die exakte Bestimmung des Platzes, den die Einhaltung des sozialistischen Rechts in unserer marxistisch-leninistischen Weltanschauung einnimmt. So ist für alle Mitglieder und Kandidaten der Partei der Arbeiterklasse, wie es im Beschluß des Politbüros vom 30. 5. 1974 heißt, die Wahrung der Parteidisziplin und die Achtung der Gesetzlichkeit identisch.

In der Diskussion treffen wir nicht selten auf eine Gegenüberstellung von Parteibeschlüssen und Rechtsnormen. Die Durchsetzung des sozialistischen Rechts ist jedoch zugleich Durchsetzung der Parteibeschlüsse. Die führende Rolle der Partei bedeutet auch, daß die Rechtsnormen unseres Staates Ausdruck des Willens der Partei sind. Deshalb war auch in dem Politbürobeschluß vom 30. 5. 1974 festgelegt worden, daß in der Parteipropaganda die Behandlung von Grundfragen des sozialistischen Rechts zu verstärken ist. Es ist richtig und wichtig, darauf hinzuweisen, daß das Recht vom sozialistischen Staat erlassen und gewährleistet wird. Gleichzeitig muß immer dann, wenn vom sozialistischen Staat die Rede ist, auch darauf hingewiesen werden, daß der sozialistische Staat seine Aufgaben nur erfüllen kann, wenn er das sozialistische Recht voll zur Geltung bringt.

Die richtige ideologische Bewertung des sozialistischen Rechts ist auch deshalb von großer Bedeutung, weil die von der Partei ausgehenden Anforderungen des sozialistischen Rechts sich nicht nur an die Betriebe und Kombinate richten, sondern mit derselben Konsequenz an die staatlichen und wirtschaftsleitenden Organe. Das Rechtsbewußtsein der Adressaten wird in entscheidendem Maße dadurch bestimmt, wie die jeweils übergeordneten Leiter, die übergeordneten Organe nicht nur in Worten, sondern in ihrem tagtäglichen Verhalten die Gesetzlichkeit achten. Die Vorbildwirkung der Leiter, der übergeordneten Organe ist entscheidend für das juristische Klima.

Sozialistisches Rechtsbewußtsein umfaßt auch die Bereitschaft zur vollen Wahrnehmung aller durch das Recht gebotenen Möglichkeiten für die Erfüllung der Aufgaben. Es geht darum, daß die Leiter bereits bei der Vorbereitung von Leitungsentscheidungen die durch das Recht gegebenen Möglichkeiten voll ausschöpfen, vor allem den Vertrag als Mittel zur stabilen Sicherung der zwischenbetrieblichen Kooperation voll zur Geltung zu bringen. Die aktive Nutzung des Rechts ist sowohl in den zwischenbetrieblichen Beziehungen als auch in den unmittelbaren Leitungsbeziehungen erforderlich. Es gibt eine Reihe ökonomischer Ursachen, die frühzeitigen Festlegungen hinderlich sind. Nicht selten aber liegt die eigentliche Ursache in der mangelnden Bereitschaft, sich eindeutig zu binden. Hierher gehört auch der Verzicht auf die Vereinbarung von Sanktionen. Im ganzen geht es darum, stärker als bisher deutlich zu machen, daß die klare Begründung von Rechten und Pflichten ein notwendiger unentbehrlicher Bestandteil der Organisation der Leitung ist. Dasselbe gilt für die Bereitschaft, seine Rechte geltend zu machen. Es kann kein Einverständnis mit solchen Auffassungen geben, daß Rechtskonflikte etwas nichtsozialistisches seien. Dies ist letztlich Ausfluß der überwundenen Theorie der Konfliktlosigkeit. Der Jurist muß deutlich machen, daß das Recht nicht die Ursache der Konflikte, sondern gerade ein notwendiges Instrument zu ihrer Verhinderung oder raschen, gesellschaftsdienlichen Lösung ist. Das kann es allerdings nur, wenn die Möglichkeit von Konflikten vorher antizipiert wurde.

In diesem Zusammenhang einige Gedanken zu den Aufgaben der Justitiare. Die Hauptverantwortung für die Rechtsarbeit liegt letztlich immer beim Leiter, der sich dafür auf den Justitiar stützen muß. Es existieren solche Vorstellungen, daß die Leiter im Prin-

zip eine gute Einstellung zum Recht hätten, und die Justitiare allerdings stärker betriebs-egoistisch wären. Das ist einfach falsch. Bei beiden müssen betriebsegoistische Vorstellungen überwunden werden, nach denen es die primäre Aufgabe des Justitiars sei, drohende Sanktionen abzuwehren bzw. verausgabte und vereinnahmte Vertragsstrafe zu saldieren. Solche Vorstellungen unterschätzen die gestaltende, organisierende, vorbeugende Seite der Rechtsarbeit. Eine Änderung ist in erster Linie durch die Einwirkung auf die Leiter durch die Festigung der Stellung der Justitiare anzustreben.
Das sozialistische Rechtsbewußtsein ist ein wichtiger Faktor für die Rechtsverwirklichung. Zugleich muß aber eindeutig betont werden, daß das Rechtsbewußtsein in bezug auf die Wirksamkeit des Rechts eine wichtige, aber nur eine Bedingung ist. Diese Fragestellung muß verbunden werden mit der Frage nach der wirksamen Durchsetzung des Rechts durch spezielle staatliche Organe (Rechtskontrolle) und mit der Frage nach der Entwicklung der Gesetzgebung, nach der eindeutigen, widerspruchsfreien, überschaubaren und verständlichen Formulierung der gesellschaftlichen Erfordernisse in Gestalt durchsetzbarer Rechte und Pflichten. Der Arbeitskreis Wirtschaftsrecht hat sich die Untersuchung der Wirksamkeit des Wirtschaftsrechts zum Ziel gestellt. Er wird sich dabei auf diese drei juristischen Hauptbedingungen der Wirksamkeit des Wirtschaftsrechts, die wirtschaftsrechtlichen Regelungen selbst, das Rechtsbewußtsein der Leiter sowie die Rechtskontrolle konzentrieren.
Mit ihrer Verbesserung wird die Wirksamkeit des Faktors Recht als eines Faktors der bewußten Leitung der Volkswirtschaft erhöht.
Selbstverständlich ist die Wirkungsmöglichkeit des Faktors Wirtschaftsrecht begrenzt. Niemand glaubt, daß das Recht alles vermag. Aber keineswegs sind die objektiven Grenzen der Wirkungsmöglichkeit des Rechts erreicht. Wir Rechtswissenschaftler tragen die gesellschaftliche Verantwortung dafür, daß alle Potenzen des Rechts im Interesse unserer Sache voll zum Tragen gebracht werden.

GERHARD PFLICKE

Zu Fragen des sozialistischen Rechtsbewußtseins bei der Leitung der Volkswirtschaft

Höheres Rechtsbewußtsein ist von großer Bedeutung für einen effektiveren Einsatz des sozialistischen Rechts bei der Wirtschaftsleitung. In der Rechstarbeit unter den Ökonomen – Studenten wie Praktiker – stehen wir in der rechtserzieherischen Arbeit vor einigen Problemen, die wir immer wieder entsprechend den wachsenden Anforderungen angehen müssen.

Den Vorzügen der sozialistischen Planwirtschaft entspricht die bedeutende Funktion des sozialistischen Rechts bei der positiven Gestaltung der Wirtschaftsbeziehungen, insbesondere im Planungsprozeß, in der zwischenbetrieblichen Kooperation, bei der Gestaltung der Arbeitsverhältnisse und in den zunehmend internationalen Wirtschaftsbeziehungen im Rahmen der sozialistischen ökonomischen Integration. Nicht selten werden die hierauf bezogenen rechtlichen Regelungen als notwendige technisch-ökonomisch-organisatorische Mittel akzeptiert und gehandhabt, in ihrer politischen Funktion und Bedeutung jedoch ungenügend erfaßt. Es bedarf großer Anstrengungen, um die Überzeugung zu wecken und vertiefen, daß und wie in dieser rechtlichen Regelung die Interessen und Ziele der Arbeiterklasse ihren Ausdruck finden und gesellschaftlich notwendiges Verhalten gefordert und zu gestalten ist. Das Problem besteht nicht in der allgemeinen Anerkennung dieses Wesens des sozialistischen Rechts, sondern in seiner Erkenntnis im wirtschaftlichen Alltag. Dabei müssen wir in Rechnung stellen, daß diese gesellschaftlichen Anforderungen und Wirkungen in den konkreten Aufgaben keineswegs ohne weiteres immer transparent sind, sie müssen zielstrebig in das Blickfeld der handelnden Kollektive und Leiter gerückt und ihnen bewußt gemacht werden.

Die richtige Gestaltung der Rechte und Pflichten der Wirtschaftssubjekte, die volle Wahrnehmung übertragener Verantwortung und die zuverlässige Erfüllung eingegangener Verpflichtungen berühren vielfältig Fragen der wissenschaftlich-technischen Entwicklung, der Arbeitszeit- und Grundfondsausnutzung, der Materialökonomie und anderer Intensivierungsfaktoren. Die „großen“ Fragen des notwendigen Leistungsanstiegs, der Voraussetzung für wachsende Bedürfnisbefriedigung und damit der Einheit der wirtschafts- und sozialpolitischen Ziele treten hier ganz konkret hervor und müssen in dieser Bedeutung erfaßt werden. Verständnis der rechtlichen Anforderungen in dieser Sicht fordert die Initiative und schöpferischen Fähigkeiten der Werktätigen heraus, erhöht das Leistungsvermögen in Planentwürfen und beim Vertragsabschluß, macht exakte Vertragserfüllung zu einer Frage der Ehre des Kollektivs. Dabei gilt es, diese Zusammenhänge in den neuen Dimensionen zu sehen, die durch zunehmende

Rohstofferschließungs- bzw. Beschaffungsaufwände, dynamische Entwicklung der sozialistischen ökonomischen Integration und veränderte Bedingungen auf den Außenmärkten wesentlich bestimmt sind.

In der auf Fragen des Rechtsbewußtseins gerichteten Forschungsarbeit und in der Rechtspropaganda müssen wir dabei stärker berücksichtigen, daß in der rechtlichen Regelung der Leitung, Planung und ökonomischen Stimulierung diese Zusammenhänge vermittelt werden über mehrere Stufen verknüpfter Rechtsverhältnisse. Beteiligte an den charakterisierten Plan-, Kooperations- und anderen Wirtschaftsrechtsverhältnissen sind die Wirtschaftsrechtssubjekte, also mehr oder weniger große Kollektive oder Leitungsorgane. Es geht aber um das Rechtsbewußtsein der handelnden Werktätigen dieser Kollektive und ihrer Leiter. In den für den einzelnen Werktätigen oder eine Brigade festgelegten Rechten und Pflichten treten diese Zusammenhänge häufig nicht ohne weiteres hervor. Das ist unvermeidlich, weil hierin die Teilaktion konkret zu organisieren ist. Daher ist es erforderlich, gezielt die Bedeutung einer Arbeitsaufgabe, eines aufgeschlüsselten Plananteils oder einer im Funktionsplan übertragenen Aufgabe für die Realisierung der Rechte und Pflichten des Betriebes oder eines anderen Wirtschaftsrechtssubjekts, wie z. B. Planauflagen oder Vertragsverpflichtungen, und damit für die Bewältigung gesellschaftlicher Erfordernisse bewußt zu machen.

Wir bemühen uns in der Rechtsaus- und -weiterbildung der Ökonomen um Aufdeckung solcher Zusammenhänge, um zu erreichen, daß die Studenten bzw. Leiter nicht nur Rechtskenntnisse erwerben, sondern eine eigene Haltung zum Recht, für dessen Verwirklichung und Weiterentwicklung bei der Wirtschaftsleitung sie heute oder morgen Mitverantwortung tragen.

Den Fragen der Verantwortlichkeit, des Einflusses staatlicher Reaktionen auf Rechtsverletzungen auf die Formung des Rechtsbewußtseins muß große Beachtung geschenkt werden. Sie ist auch erforderlich für die materielle Verantwortlichkeit der Betriebe aus Wirtschafts-, Zivil- und Arbeitsrechtsverhältnissen. Dabei besteht wiederum die Spezifik, daß es um die Verantwortlichkeit von Kollektiven geht. Nur zwei Aspekte können hier beleuchtet werden, in denen sich übrigens eine weitgehende Übereinstimmung zwischen der wirtschaftsrechtlichen und zivilrechtlichen Regelung und mithin eine zunehmende Ausprägung insoweit einheitlicher Grundsätze im sozialistischen Rechtssystem äußert.

Die subjektive Voraussetzung der materiellen Verantwortlichkeit des Betriebes ist jetzt im Vertragsgesetz (§ 83) und im ZGB (§ 334) einheitlich bestimmt. Verantwortlich ist der Betrieb, der nicht alle ihm durch die sozialistischen Produktionsverhältnisse gegebenen Möglichkeiten ausgenutzt hat, um die zur Pflichtverletzung führenden Umstände abzuwenden. Bei Pflichtverletzungen wird das Vorliegen dieser Voraussetzung der Verantwortlichkeit als Regelfall angesehen. Daher muß der seine Pflichten verletzende Betrieb die Ausnahme beweisen, soll die Verpflichtung zum Schadenersatz bzw. zur Zahlung von Vertragsstrafe entfallen.

Der Maßstab ist auf die Kräfte eines sozialistisch arbeitenden Kollektivs orientiert, die Vorwerfbarkeit wird darauf bezogen und mit Recht nicht mit dem Begriff „Schuld" formuliert. Folglich wird die Verantwortlichkeit des Betriebes nicht bestimmt durch das schuldhafte Handeln von Kollektivangehörigen und ist auch nicht begrenzt durch dessen Feststellung. Es wird davon ausgegangen, daß es bei der Schuld stets um das Handeln des einzelnen Bürgers geht und daß das einem Betrieb vorwerfbare Verhalten mehr als die Summe schuldhafter Handlungen von Kollektivangehörigen ist. Verursachen Werktätige durch Verletzung ihrer Arbeitspflicht solche Pflichtverletzungen des Betriebes, so ist zu prüfen, ob und in welchem Maße sie arbeitsrechtlich materiell verantwortlich zu machen sind. Das geschieht noch nicht regelmäßig.

Wird die Verantwortlichkeit von Betrieben bejaht, so ist ihr gesellschaftliches Ziel noch nicht erreicht. Für die Veränderung der Praxis durch Mobilisierung des Kollektivs bedarf es des Durchdringens bis zu den Verursachungsbereichen und den Verursachern im Betrieb, der Auseinandersetzung mit ihnen und der Festlegung von Maßnahmen zu ihrer Überwindung.

Damit sind direkt Aufgaben zur Erhöhung des Rechtsbewußtseins im betreffenden Betrieb gestellt. Auch ihre Lösung beginnt mit der Information der Werktätigen, mit der Herausforderung ihrer Aktivität. Es kommt noch immer vor, daß die Werktätigen betroffener Bereiche bis zum Tätigwerden des Staatlichen Vertragsgerichts von den Vertragsverletzungen und ihren Folgen keine Kenntnis hatten. Diese Umsetzung in innerbetriebliche Aktivitäten ist Pflicht der Leiter.

Die materiellen Sanktionen signalisieren die Pflichtverletzung, das Zurückbleiben. Sie sollen über ihre materielle Wirkung auf die Fonds beim Produzenten den Anstoß zur Auseinandersetzung mit den Mängeln und Hemmnissen geben, dem von der Pflichtverletzung Betroffenen Schäden ausgleichen. Die damit beim Pflichtverletzer geforderten ideologischen Aktivitäten sind primär keine Konsequenz aus der ungenügenden Wirkung materieller Sanktionen, sie ergeben sich aus dem Wesen der Verantwortlichkeit sozialistischer Betriebe, ihrer erzieherischen Funktion und aus der mit Hilfe des Rechts zu realisierenden Einheit von moralischer und materieller Stimulierung. Die wachsende Verflechtung in der Volkswirtschaft und im RGW-Bereich verlangt zuverlässige Partner. Das ist ein rechtliches und moralisches Problem. Den Vertragsverletzer trifft daher auch ein moralischer Vorwurf. Er ist nicht von der Höhe der Sanktion oder ihrer konkreten Auswirkung auf den Prämienfonds abhängig.

Es entspricht völlig der Bedeutung der Pflicht der Leiter, die Ursachen von Vertragsverletzungen aufzudecken und Maßnahmen zur Erhöhung der Vertragsdisziplin zu ergreifen (§§ 84, 85 VG), wenn ihre Erfüllung in letzter Zeit durch das Vertragsgericht stärker beeinflußt und kontrolliert wird, erforderlichenfalls mit Hilfe von Auflagen (Instruktion des SVG 4/1973 vom 23. 3. 1973). Dieses Organ des Ministerrates erhöht auf diese Weise seinen Einfluß auf die Formung des Rechtsbewußtseins in den Betrieben.

Ist diese Wechselwirkung von ideologischer Aktivität und materieller Wirkung auf die ökonomische Stimulierung der Verantwortlichkeit sozialistischer Betriebe wesenseigen, so entspricht sie zugleich der Art und Weise und den objektiven Grenzen der Wirkung materieller Sanktionen. Sie sind nur ein Element der wirtschaftlichen Rechnungsführung und ökonomischen Stimulierung. Die Intensität der Wirkung einer Sanktion läßt sich nicht so gestalten, daß in jedem Falle allein durch diese Wirkung die erforderlichen Aktivitäten ausgelöst werden. Die nachteilige Wirkung auf das Betriebsergebnis und über dieses auf den Prämienfonds ist notwendigerweise verknüpft mit der gleichzeitigen positiven oder negativen Wirkung vieler anderer Faktoren. Das schließt die Möglichkeit ein, daß sich in der Gesamtwirkung positive und negative Wirkungen gegeneinander aufheben. Beurteilt wird das Ergebnis als Ganzes und wird eine der Grundlagen für die Zuführung zum Prämienfonds. Der erneut aufgetauchte Vorschlag,

die Vertragsstrafen gewissermaßen an diesem Prisma „Betriebsergebnis" vorbei direkt vermindernd auf den Prämienfonds wirken zu lassen, übersieht diesen notwendigen Zusammenhang. Selbst wenn aber so verfahren würde, bleibt die ideologische Arbeit bei der Umsetzung in die Veränderung der Praxis unverzichtbar, würde aber wohl durch derartige isolierte Direktwirkungen erschwert. Eine ganz andere Frage ist es, wie die qualitative Erfüllung der Planauflagen konkreter in anderen Zuführungsvoraussetzungen zum Prämienfonds erfaßt werden kann. Dazu besteht aber keine lineare Beziehung von den Sanktionen her, die Wirkung tritt synchron dazu ein.
Was für die vom Partner geltend gemachten Sanktionen ausgeführt wurde, gilt auch für materielle Sanktionen, die wegen erheblicher Pflichtverletzungen von staatlichen Organen auferlegt und zugunsten des Staatshaushalts eingezogen werden. In der letzten Zeit sind für eine Reihe von Tatbeständen solche Wirtschaftssanktionen vorgesehen. Damit wurden Lücken im System der Verantwortlichkeit geschlossen auch mit dem Ziel, durch die Androhung solcher Sanktionen die gesellschaftliche Bedeutung bestimmter Pflichten stärker bewußt zu machen. Solche Wirtschaftssanktionen sollten aber weder die zugleich im gesellschaftlichen Interesse erfolgende Kontrolle und Kritik durch Sanktionen der Partner ersetzen noch auf eine zu große Zahl von Tatbeständen ausgedehnt werden.
Ein zweiter für die Formung des Bewußtseins wesentlicher Aspekt der materiellen Verantwortlichkeit der Betriebe betrifft die Charakterisierung aller Rechtsfolgen von Vertragsverletzungen als Rechtsformen der Verantwortlichkeit auch im neuen ZGB (§§ 82–93) in Übereinstimmung mit dem Vertragsgesetz (§§ 79 ff.). Damit werden sowohl die gesellschaftliche Bedeutung der gesicherten Rechtspflichten wie die hohen Anforderungen an ihre exakte Erfüllung unterstrichen. Das gilt insbesondere für die Garantieansprüche bei nicht qualitätsgerechter Leistung. Die Wahrung der Rechte der Bürger bei Qualitätsverletzungen hat unmittelbaren Bezug zur Hauptaufgabe und ist wichtig für ihr Verhältnis zum sozialistischen Recht.
Qualitätsmängel in der Produktion bzw. Auslieferung mangelhafter Erzeugnisse sind in aller Regel vermeidbar. Garantieansprüche signalisieren daher ein Zurückbleiben hinter den gesellschaftlichen Anforderungen. Es bedarf noch großer Anstrengungen, um das den betreffenden Produzentenkollektiven und Leitern bewußt zu machen. Garantieleistungen werden, z. T. unterstützt durch die Behandlung der Kosten dafür, noch weithin als eine nachträgliche Erfüllung im Rahmen des planmäßigen Kundendienstes angesehen und nicht als das, was sie sind: staatliche Reaktion auf eine Pflichtverletzung, realisierte Verantwortlichkeit.
An diesem Beispiel wird auch besonders bedeutlich, wie sich die Anstrengungen zur Erhöhung des sozialistischen Rechtsbewußtseins einfügen in die intensive ideologische Arbeit der Partei der Arbeiterklasse, der Gewerkschaften und der staatlichen Organe, die auf die Erhöhung der Qualität und Zuverlässigkeit der Erzeugnisse gerichtet ist. Qualitätsgerechte Produktion ist eine Frage der Ehre des Kollektivs und jedes Werktätigen.
Für eine effektivere Wirkung des Wirtschaftsrechts ist der Gleichklang aller das Handeln beeinflussenden Faktoren von großer Bedeutung. Die einzelne Regelung, wie z. B. die der materiellen Verantwortlichkeit, knüpft primär jeweils an bestimmte Faktoren der Beeinflussung des Verhaltens an, geht aber von ihrer Wechselwirkung mit anderen Faktoren aus. Ihre Wirkung wird folglich verstärkt, gebrochen oder auch ge-

hemmt durch andere dieser Faktoren. Das gilt insbesondere für die synchrone Wirkung von moralischer und materieller Stimulierung, aber auch der Maßnahmen der materiellen Stimulierung untereinander. Die Schaffung aufeinander bezogener, widerspruchsfreier rechtlicher Regelungen und ihre entsprechende Anwendung ist hierfür notwendig. Es geht also um eine Aufgabe der rechtlichen Regelung selbst.

Bei den Dimensionen unserer wirtschaftlichen Entwicklung kommt es im einzelnen auch zu unerwünschten ökonomischen Situationen, in denen es sehr schwer ist, die Übereinstimmung von gesellschaftlichen Erfordernissen und Interessen der handelnden Wirtschaftsrechtssubjekte voll zu gewährleisten. Solche Widersprüche entstehen z. B., wenn der Bedarf für eine bestimmte Erzeugnisposition nicht voll gedeckt wird. Der Lieferer erhält dadurch zuweilen eine stärkere Verhandlungsposition und fordert unberechtigte Zugeständnisse vom Besteller oder der Besteller meldet einen überhöhten Bedarf an. Solchem rechtswidrigen Verhalten wird u. a. gegengesteuert durch Androhung von Wirtschaftssanktionen für den Fall der Ausnutzung der bestehenden ökonomischen Lage. Dauerhaft ist der Widerspruch jedoch nur im Rahmen der von der Partei der Arbeiterklasse initiierten Anstrengungen für den weiteren Leistungsanstieg und sparsame Materialverwendung und damit die Verbesserung der Proportionalität zu lösen, wofür weite Bereiche der wirtschaftlichen Regelung und ihre schöpferische Verwirklichung Voraussetzungen schaffen helfen müssen.

Die solchen angespannten Situationen entspringenden Maßnahmen selbst müssen ihrerseits jedoch realisierbare Verhaltensanforderungen stellen. Muß man damit rechnen, daß Bedingungen dafür nicht vorliegen und diese Pflichten z. T. nicht eingehalten werden und deshalb insoweit auch nicht auf die Pflichtverletzung reagiert werden kann, so sind nachteilige Auswirkungen auf die Anstrengungen zur Erhöhung des Rechtsbewußtseins im Bereich der Wirtschaftsleitung insgesamt nicht auszuschließen.

Die wenigen Beispiele, die ins Blickfeld gerückt werden konnten, machen zugleich die Anforderungen deutlich, die unter dem Gesichtspunkt der Verantwortung für die Erhöhung des Rechtsbewußtseins an die Wissenschaftler gestellt sind, die auf dem Gebiete des Wirtschaftsrechts arbeiten.

MANFRED MÜHLMANN

Zu Problemen der Rechtspropaganda und der Entwicklung des sozialistischen Rechtsbewußtseins aus der Sicht des Zivilrechts

Es liegt auf der Hand, daß das neue sozialistische Zivilgesetzbuch der DDR dazu genutzt werden muß, die Wirksamkeit der Rechtspropaganda auf dem Gebiet des Zivilrechts zu erhöhen. Diese Aufgabe kann nicht allein dadurch gelöst werden, daß die Zahl der rechtspropagandistischen Veranstaltungen und Publikationen vermehrt wird.

Die Verstärkung des ideologischen Gehalts erfordert, die mit dem Zivilgesetzbuch entstandenen neuen Möglichkeiten zur Entwicklung des sozialistischen Rechtsbewußtseins zu erforschen und wirksam zu machen.

Unter diesem Gesichtspunkt ist das Augenmerk vor allem auf die Grundsätze des sozialistischen Zivilrechts zu richten. Sie sind in der nunmehrigen normativen Gestalt ein völlig neues Element unseres Zivilrechts.

Die propagandistische Nutzung der Grundsätze ist ein sich unmittelbar aus der Gesetzeskonzeption ergebendes Gebot. Im Mittelpunkt des ZGB stehen die nützlichen Verhaltensweisen der Bürger und Betriebe, und zwar wegen ihrer positiven Wirkungen für die Gestaltung der materiellen und kulturellen Lebensbedingungen. Es geht also um das Verhalten entsprechend der Forderungen der sozialistischen Gesellschaft im Arbeitsprozeß, im Wohnbereich, in der Familie, in den allgemeinen zwischenmenschlichen Beziehungen usw. Hierbei durch das ZGB richtig orientiert zu sein, erfordert, sich das Grundanliegen dieses Gesetzes zu eigen zu machen und sich von seinen Verhaltensprinzipien leiten zu lassen. Das ist zugleich auch die verläßliche Basis, um den situationsbedingten unterschiedlichen Bedarf nach Kenntnis von Einzelregelungen zu befriedigen.

Das ZGB verzichtet auf eine betonte Kasuistik. Hierdurch wird die Bedeutung der Grundsätze erhöht. Sie gewährleisten vor allem die entwicklungsbedingte Dynamik des Zivilrechts. Die Verbindung des Zivilgesetzbuches zu den Beschlüssen der Partei der Arbeiterklasse und damit zu den Gesetzmäßigkeiten der Entwicklung der sozialistischen Gesellschaft erfolgt in einem wesentlichen Maße über die Grundsätze. Das Verständnis für das ZGB kann deshalb im Rahmen des Normeninhalts nur mit Hilfe der Grundsätze gewonnen werden.

Die Nutzung der Grundsätze für die Entwicklung des sozialistischen Rechtsbewußtseins soll anhand von zwei Anwendungsbereichen gezeigt werden.

Erstens. In der Volkskammersitzung zur Verabschiedung des ZGB sagte Friedrich Ebert als Sprecher der SED-Fraktion, daß die Diskussion des ZGB-Entwurfs „nützliche Aktivitäten in Betrieben und Wohngebieten im sozialistischen Wettbewerb ausgelöst"[1] habe. Von dieser Feststellung ist m. E. zwingend die Frage abzuleiten: „Müssen solche Aktivitäten nicht eine dauernde Wirkung des sozialistischen Zivilrechts sein?"

Betrachten wir unter diesem Gesichtspunkt die Rolle des Zivilrechts in einem Betrieb. Bestimmte Mitarbeiter müssen selbstverständlich spezielle zivilrechtliche Kenntnisse besitzen. Welche Kenntnisse benötigt aber die Masse der Beschäftigten, um den angestrebten Effekt des sozialistischen Zivilrechts zu sichern?

Der Hauptweg kann nicht darin bestehen, die Werktätigen durch Schulungen, Vorträge usw. systematisch mit dem ZGB vertraut zu machen. In erster Linie ist es erforderlich, daß in den Betrieben solche Schlußfolgerungen aus dem Gesetz gezogen und mit den Werktätigen beraten werden, die ihre Arbeitsaufgaben betreffen. Das Hauptmittel hierfür ist der sozialistische Wettbewerb.

Die Erfüllung der sich aus dem ZGB ergebenden Pflichten muß Bestandteil des sozialistischen Wettbewerbs werden. In vielen Betrieben geschieht dies auch. So gibt es in Dienstleistungsbetrieben Verpflichtungen zur Verkürzung von Lieferzeiten, zur Verbesserung der Qualität usw. Die Wettbewerbsziele in den Verkaufseinrichtungen sind zu einem wesentlichen Teil auch darauf gerichtet, die sich aus dem ZGB ergebenden Anforderungen zu erfüllen. In den Industriebetrieben bestehen Verpflichtungen, deren Bedeutung unter zivilrechtlichen Gesichtspunkten erst in den Vorträgen der Bürger mit Handels- oder Dienstleistungsbetrieben hervortritt.

Die Wettbewerbsziele dienen in den genannten Beispielen vor allem der Erfüllung versorgungspolitischer Aufgaben. Das Zivilgesetzbuch bietet hierbei die Möglichkeit einer zusätzlichen oder vertiefenden Motivation durch Veranschaulichung des Zusammenhangs zwischen den Wettbewerbsergebnissen und den Rechten der Bürger. Diese Motivationsreserve muß stärker erschlossen werden. Die Hauptrolle hierbei werden die Grundsätze zu spielen haben, die die Werktätigen in ihrer Einheit als Produzenten und Konsumenten ansprechen, und die in normativer Form Aufgaben stellen und Verhaltensweisen fixieren.

Die Vertragstreue des Betriebes gegenüber dem Bürger ist z. B. ein solcher Grundsatz, der für den Wettbewerb und zugleich für die Entwicklung des Rechtsbewußtseins der Werktätigen von Bedeutung ist. Solche Elemente bereichern den Wettbewerb, weil die Orientierung auf die Rechte der Bürger zugleich die Orientierung auf die Befriedigung ihrer Bedürfnisse verstärkt.

Unter Beachtung der entwickelten Gesichtspunkte ist auch die Rolle des Zivilrechts bei der Förderung des sozialistischen Wettbewerbs im Territorium zu verstärken. Das Zivilgesetzbuch bietet hierfür in hinreichendem Maße Ansatzpunkte. Der § 95 ZGB, der die Aufgaben der Betriebe als Vermieter zur Verbesserung der Wohnverhältnisse der Bürger festlegt, ist hinsichtlich des Schwerpunktes im „Mach mit!"-Wettbewerb – der Verbesserung der Wohnverhältnisse – eine ausgezeichnete Grundlage.

Zweitens. Die Grundsätze haben entscheidende Bedeutung für die Entwicklung prinzipieller Rechtsstandpunkte. Sie versetzen bei entsprechender Propagierung die Bürger in die Lage, ein rechtliches Problem prinzipiell richtig zu beurteilen, ohne daß genauere Kenntnisse von Einzelregelungen vorhanden sind. Für ein normengemäßes Verhalten

---

[1] F. Ebert, „Die sozialistische Ordnung prägt das neue Zivilrecht" (Rede auf der 15. Tagung der Volkskammer am 19. Juni 1975), Neue Justiz 1975, S. 407 ff.

sind solche prinzipiellen Rechtsstandpunkte unverzichtbar. Durch sie eignen sich die Bürger Wertvorstellungen der Arbeiterklasse in spezifischer Weise an. Sie fördern die Herausbildung stabiler sozialistischer Verhaltensgewohnheiten.

Wenn hier von Grundsätzen gesprochen wird, dann sind nicht allein die als Grundsätze bezeichneten Normen des ZGB gemeint. Auch die Prinziplösungen rechtlicher Probleme fallen darunter. Sie haben die Stellung eines Grundsatzes, wenn auch auf einem beschränkten Anwendungsgebiet. Die Kenntnis von Prinziplösungen zu erreichen, ist demzufolge ein wichtiges Ziel rechtspropagandistischer Tätigkeit.

So ist z. B. bei vielen Bürgern das Bedürfnis vorhanden, mit eigenen Mitteln den verfügbaren Wohnraum zu modernisieren. Dieses Bedürfnis zu befriedigen und entsprechende Initiativen zu fördern, ist ein erstrangiges Anliegen des ZGB. Nach den §§ 111 ff. ZGB wird den Mietern das Recht auf individuelle Modernisierung ihrer Wohnungen gewährt. Die Vermieter sind zur Zustimmung verpflichtet, wenn die baulichen Veränderungen zu einer im gesellschaftlichen Interesse liegenden Verbesserung der Wohnungen führen. Das ist die Prinziplösung. Sie beeinflußt das Denken der Menschen und aktiviert Kräfte zur Verbesserung der Wohnverhältnisse.

Wenn das konkrete Projekt verwirklicht werden soll, genügt allein die Kenntnis der Prinziplösung nicht. Dann sind natürlich die verschiedenen Einzelregelungen zu beachten und die entsprechenden Gebote zu befolgen.

Ein weiteres Beispiel bietet die völlig neuartige Regelung des § 326 ZGB. Sie vermittelt im Sinne einer Prinziplösung die Gewißheit, daß ein Bürger, der – geleitet von der Moral der Arbeiterklasse – sich für gesellschaftliche Belange in Gefahrenssituationen einsetzt, also Hilfe leistet, drohende Schäden abwendet, nicht nur mit moralischer Anerkennung rechnen kann, sondern auch Anspruch hat auf Ersatz aller materiellen Nachteile, die ihm durch seinen Einsatz entstanden sind. In einer konkreten Gefahrensituation wird sicherlich ein Bürger, der sich für eine Hilfeleistung entscheidet, nicht wissen, unter welchen Voraussetzungen er von wem Ersatz eventueller Schäden verlangen kann. Aber die prinzipielle Gewißheit, daß ihm ein solcher Ersatz gewährt wird, daß er zumeist mit der Solidarität der gesamten Gesellschaft durch entsprechende Versicherungsleistungen rechnen kann, wird auf sein Handeln entsprechend der Forderungen der Moral der Arbeiterklasse und des sozialistischen Rechts einen fördernden Einfluß ausüben.

Die ausgewählten Anwendungsbereiche und Beispiele sollen zeigen, welche qualitativ neuen Möglichkeiten sich mit dem Zivilgesetzbuch für die Erhöhung der Wirksamkeit des sozialistischen Zivilrechts eröffnen. Diese Möglichkeiten sind im Hinblick auf die Aufgaben des IX. Parteitages der SED auszuweiten und intensiver zu nutzen.

GERHARD SCHULZE

Hohe Qualität der Leitung – wichtige Bedingung für die Rechtserziehung der Bürger

In der entwickelten sozialistischen Gesellschaft erlangt die Rechtserziehung als wesentliche Komponente für die Herausbildung und Entwicklung sozialistischer Persönlichkeiten wachsende Bedeutung. Die Rechtserziehung ist ein wichtiger Faktor sowohl für die Entwicklung der sozialistischen Demokratie, für die aktive und bewußte Teilnahme der Werktätigen an der Leitung und Planung der gesellschaftlichen Prozesse, als auch für die Effektivität der Arbeit des Staatsapparates, für die Festigung der Gesetzlichkeit und der Staatsdisziplin. Es besteht ein unmittelbarer Zusammenhang zwischen der Rechtserziehung zur Entwicklung des sozialistischen Rechtsbewußtseins und der Wirksamkeit der Rechtsnormen und Entscheidungen der Staatsorgane sowie der Qualität der staatlichen Leitung bei ihrer Verwirklichung.

In dem Maße, wie sich die sozialistische Gesellschaft entwickelt, erweitert sich ständig der Bereich der gesellschaftlichen Prozesse, auf die sich die wissenschaftliche Leitung des sozialistischen Staates erstreckt. Die zielgerichtete Einwirkung des sozialistischen Staates auf ihre bewußte Gestaltung vollzieht sich in erster Linie mit Hilfe des sozialistischen Rechts. Deshalb wächst die Bedeutung des sozialistischen Rechts als Instrument der staatlichen Leitung und als Faktor für die systematische Erhöhung ihrer Effektivität. W. I. Lenin verwies wiederholt auf die Bedeutung des sozialistischen Rechts als eines der Hauptmittel zur Verwirklichung des Staatswillens. Er betonte: „Je mehr wir in Verhältnisse eintreten, die feste und sichere Machtverhältnisse sind, ... desto nachdrücklicher muß der entschiedene Zwang der Verwirklichung größerer revolutionärer Gesetzlichkeit in den Vordergrund gerückt werden.“[1]

Für den sozialistischen Staatsapparat ist das Recht ein notwendiges und wichtiges Instrument der allseitigen und komplexen Gestaltung der gesellschaftlichen Entwicklung, des schöpferischen und bewußten Handelns der Bürger. Es besitzt objektive Eigenschaften, welche maßgeblich Einfluß auf die Effektivität der Leitung haben. Die wichtigsten Merkmale des sozialistischen Rechts sind sein normativer Charakter, seine allgemeine Verbindlichkeit, die Regulierungsfunktion der Rechtsnormen und ihre Gewährleistung. Dadurch trägt es dazu bei, die objektiven Erfordernisse der gesellschaftlichen Entwicklung und die rasch zunehmenden Erkenntnisse von Wissenschaft und Technik zu verwirklichen, alle Bürger im Geiste des Sozialismus zu erziehen und unsere sozialistische Ordnung vor imperialistischen Anschlägen und ungesetzlichen Handlungen und vor Verstößen gegen Ordnung, Disziplin und Sicherheit zu schützen.

---

[1] W. I. Lenin, Werke, Bd. 33, Berlin 1962, S. 161.

Die Notwendigkeit der Verstärkung der Rechtserziehung unter den gegenwärtigen Bedingungen ergibt sich demzufolge einmal aus der Erhöhung der Rolle der normativen Regelung der gesellschaftlichen Beziehungen, wie sie in dem Gesetzgebungsprogramm nach dem VIII. Parteitag der SED zum Ausdruck kommt, zum anderen aus der Aktivierung immer größerer Kreise der Werktätigen zur Leitung von Gesellschaft und Staat. In der entwickelten sozialistischen Gesellschaft muß die staatliche Leitung Bedingungen schaffen, daß sich die Verantwortung jedes einzelnen für die Arbeit seines Betriebes und seiner Einrichtung, für die Aufgaben und Erfolge der gesamten Gesellschaft erhöht, daß die Menschen zu bewußter Disziplin und Organisiertheit in der Arbeit und zur Unversöhnlichkeit gegenüber jeglichen Abweichungen von den rechtlichen und moralischen Normen des sozialistischen Zusammenlebens erzogen werden.

Die Rechtserziehung muß darauf gerichtet sein, den Bürgern, vor allem der Jugend, eine breite und systematische Information über die geltenden Gesetze und Beschlüsse zu vermitteln, sie von der Zweckmäßigkeit und sozialen Gerechtigkeit unseres sozialistischen Rechts zu überzeugen und zu seiner bewußten Einhaltung und Verwirklichung als Hauptvoraussetzung für die Verhinderung von Rechtsverletzungen zu erziehen. Alle Entscheidungen staatlicher Organe gegenüber Bürgern müssen von den Zielen und Grundsätzen des sozialistischen Staates ausgehen, den gesetzlichen Bestimmungen entsprechen und die Entfaltung der sozialistischen Persönlichkeit fördern. Die Bürger müssen spüren, daß ihre Meinung beachtet wird, daß ihre Vorschläge berücksichtigt werden, daß sie ihre Fragen korrekt und sachlich beantwortet bekommen. Die Staatsorgane und Staatsfunktionäre sollen ständig bemüht sein, ein echtes Vertrauensverhältnis zur Bevölkerung herzustellen.

Die Rechtserziehung im Prozeß der staatlichen Leitung muß vor allem darauf gerichtet sein, in der täglichen Arbeit die erzieherische Einflußnahme auf die Bürger zu verstärken. Von den verschiedenen Formen der Arbeit des Staatsapparates zur Rechtserziehung, die sich auf die Bürger orientiert, sei auf folgende aufmerksam gemacht:

Erstens: Große Möglichkeiten für die Erweiterung der rechtserzieherischen Arbeit liegen in der regelmäßigen Erläuterung der Staatspolitik und der zu ihrer Realisierung erlassenen konkreten rechtlichen Regelungen. Eine gezielte Informations- und Öffentlichkeitsarbeit ist von großer Bedeutung, um unmittelbar breiten Kreisen der Bevölkerung die Rechtsakte der staatlichen Organe zur Kenntnis zu bringen, um sie in immer stärkerem Maße sowohl in die Vorbereitung als auch in die Durchführung und Kontrolle staatlicher Entscheidungen einzubeziehen.

Der Ministerrat der DDR hat deshalb alle Leiter der Staats- und Wirtschaftsorgane, darunter auch die örtlichen Räte und Wirtschaftsorgane, verpflichtet, dafür zu sorgen, daß die Werktätigen rechtzeitig und gründlich über staatliche Maßnahmen informiert und ihre Meinungen, Kritiken und Vorschläge zur Qualifizierung der staatlichen Leitung beachtet werden. Von ihm wurden verbindliche Grundsätze zur sozialistischen staatlichen Informations- und Öffentlichkeitsarbeit festgelegt. Der Ministerrat geht dabei davon aus, daß es zur ständigen Praxis staatlicher Leitung gehört, in den Beschlüssen und Entscheidungen staatlicher und wirtschaftsleitender Organe festzulegen, durch wen, in welcher Weise und mit welchen Argumenten die Bürger informiert und für die Unterstützung der betreffenden Maßnahme gewonnen werden. In fast allen Stadt- und Landkreisen erläutern Vorsitzende und Mitglieder des Rates wöchentlich staatliche Vorhaben in der lokalen Presse und in regionalen Sendungen des Rundfunks.

Dazu gehört auch eine systematische Rechenschaftslegung der Volksvertretungen und ihrer Abgeordneten sowie der Leiter und Mitarbeiter von Staatsorganen über die Erfüllung der staatlichen Aufgaben, insbesondere der staatlichen Pläne, vor der Bevölkerung.

Diese regelmäßige Informations- und Öffentlichkeitsarbeit ist von großer Bedeutung, um die Werktätigen über die zu lösenden staatlichen Aufgaben zu informieren, mit ihnen deren Durchführung zu beraten und ihre Teilnahme an der staatlichen Leitung und Planung zu fördern. Sie hilft zugleich, bei den Staatsfunktionären die Kenntnis von den Wünschen und Sorgen der Werktätigen zu verbessern und anstehende Probleme auch persönlicher Art einer raschen und gerechten Entscheidung und Lösung zuzuführen.

Zweitens: Eine breite rechtserzieherische Einwirkung kann auch im Prozeß der Bearbeitung der Eingaben der Bürger durch die Staatsorgane erfolgen. Das am 19. Juni 1975 von der Volkskammer beschlossene neue „Gesetz über die Bearbeitung der Eingaben der Bürger – Eingabengesetz –“ verankert die in der DDR seit Jahren bewährten Prinzipien und Erfahrungen der Eingabenarbeit. Es verpflichtet besonders die Leiter und Mitarbeiter zur gewissenhaften Bearbeitung der Eingaben und zur sorgfältigen und schnellen Erledigung der Anliegen der Bürger. Die Eingabenanalyse im Bezirk Potsdam aus dem Jahr 1974 zeigt, daß an die staatlichen Organe im Bezirk insgesamt 48 371 Eingaben gerichtet wurden, während es 1973 nur 44 633 Eingaben waren. Von den 1974 eingegangenen Eingaben konnten im Sinne der Bürger 33 467 positiv entschieden werden, das sind 69,2 %. Dem Anliegen der Bürger wurde in 4 939 Eingaben (10,2 %) nicht stattgegeben. Noch in Bearbeitung waren am Jahresende 9 965 Eingaben (20,6 %). Schwerpunkte der Eingaben bildeten:

Wohnungsprobleme	9 534 Eingaben
Werterhaltung und Reparaturen an Wohnungen	5 143 Eingaben
Verkehrsprobleme	7 529 Eingaben
Fragen der Örtlichen Versorgungswirtschaft	4 180 Eingaben
Fragen des Handels und der Versorgung	4 207 Eingaben

Die Eingabenanalyse beweist, daß die weitaus größte Zahl der Eingaben im Interesse der Bürger und innerhalb der gesetzlich vorgeschriebenen Frist erledigt werden. Sie ergab desweiteren, daß angefochtene Leitungsentscheidungen staatlicher Organe wegen Verstoßes gegen die Gesetzlichkeit weitaus geringer sind als Beschwerden über Verhaltensweisen von Leitern und Mitarbeitern. Die Praxis beweist, daß es zur ständigen staatlichen Leitungspraxis werden muß, daß die Bearbeitung von Eingaben der Bürger durch die Staatsorgane in Zusammenarbeit mit den gesellschaftlichen Organisationen erfolgt, daß Schlußfolgerungen in Rechenschaftslegungen vor übergeordneten Organen und vor Bürgern ausgewertet werden und die Räte über die Eingabenordnung vor den Volksvertretungen berichten. Die örtlichen Volksvertretungen sollten regelmäßig die Ergebnisse der Eingabenarbeit für die staatliche, ökonomische, kulturelle und soziale Entwicklung ihres Territoriums auswerten. Sie sollten großen Einfluß darauf nehmen, daß alle Hinweise, Vorschläge und Kritiken der Werktätigen sorgfältig geprüft werden und daß die Leiter diese gewissenhaft und entsprechend den Rechtsvorschriften bearbeiten.

Drittens: Die rechtserzieherische Arbeit durch den Staatsapparat kann wesentlich unterstützt und qualifiziert werden, wenn die populärwissenschaftliche rechtspropagandistische Arbeit stärker auf die Schwerpunkte und konkreten Aufgaben der staatlichen Leitung ausgerichtet wird. Das bedeutet, daß der Beitrag der Staats- und Verwaltungsrechtswissenschaft zur Rechtserziehung sowohl qualitativ wie quantitativ weiter verstärkt werden muß. Das betrifft sowohl die unmittelbare rechtspropagandistische Arbeit gegenüber den Werktätigen und ihren Arbeitskollektiven als auch die Erziehung der Mitarbeiter in den Staatsorganen zur fundierten Rechtskenntnis und zur hohen Rechtskultur im Umgang mit den Bürgern.

ERICH BUCHHOLZ

Die Durchsetzung der sozialistischen Gesetzlichkeit durch die Tätigkeit der Justizorgane und ihre Bedeutung für die Vorbeugung und Bekämpfung der Kriminalität

Für die Entwicklung eines sozialistischen Rechtsbewußtseins der Werktätigen hat die reale Wirklichkeit des sozialistischen Rechts, die Durchsetzung der sozialistischen Gesetzlichkeit, die Praxis der Rechtsetzung und Rechtsverwirklichung eine entscheidende Bedeutung. Das sozialistische Rechtsbewußtsein wird, als Teil des sozialistischen Bewußtseins überhaupt, wesentlich – wenn auch keineswegs im Sinne einer mechanischen Abhängigkeit und unbeschadet der aktiven, auch rechtsschöpferischen Rolle des Rechtsbewußtseins – durch das reale Sein des sozialistischen Rechts geprägt, also dadurch, wie unsere Menschen das sozialistische Recht und die rechtlich geregelten gesellschaftlichen Verhältnisse erleben und selbst mitgestalten. Daran messen sie wesentlich den Wert des sozialistischen Rechts, und davon ist auch weitgheend ihre Einstellung zum sozialistischen Recht abhängig. Diese Beziehungen zeigen sich auch sehr anschaulich auf dem Feld der Kriminalitätsbekämpfung. Das sozialistische Bewußtsein – und darin eingeschlossen das sozialistische Rechtsbewußtsein – bestimmt das Verhältnis des Betreffenden zu den jeweiligen gesellschaftlichen Anforderungen und Forderungen, die auch in Rechtsnormen fixiert werden, und es bestimmt die Entscheidung und Auswahl über das Verhalten des betreffenden Subjekts in einer gegebenen realen Situation (d. h. bei gegebenen objektiven Möglichkeiten), im Rahmen der objektiven Gegebenheiten. (Hinsichtlich dieser selektiven, verhaltensbestimmenden Funktion des Rechtsbewußtseins kann man von einer regulierenden Rolle desselben sprechen.)

Das Rechtsbewußtsein des Einzelnen bestimmt demzufolge entscheidend auch darüber, ob jemand straffällig wird oder nicht. Gerade deshalb, weil dies von der eigenen Entscheidung des Täters zur Tat, von seiner eigenen Selbstbestimmung abhängt, ist die begründete Möglichkeit, ihn zur Verantwortung zu ziehen und schuldig zu sprechen, gegeben.

Aber es ist nicht so sehr das Strafrecht als Gesamtheit der strafrechtlichen Normen, was die Bürger veranlaßt, keine Straftaten zu begehen und zunehmend selbst aktiv gegen Kriminalität und Rechtsverletzung anzukämpfen. Eine solche Haltung und Aktivität der Werktätigen entwickelt und verbreitert sich vielmehr im Rahmen des Gesamtprozesses der Gestaltung des Sozialismus unter Führung der marxistisch-leninistischen Partei – eingeschlossen die ideologische Arbeit der Partei und der Rechtspropaganda –, sie entwickeln sich weitgehend unter dem Einfluß dessen, was die sozialistische Gesetzlichkeit durch die betreffenden Organe, dabei wesentlich durch die Justizorgane, durch die Betriebe und Einrichtungen sowie die gesellschaftliche Organisation praktisch durchgesetzt wird. In bezug auf die Staatsanwaltschaft formulierte dies

Streit kürzlich: „Die Staatsanwaltschaft wirkt in ihrer gesamten Tätigkeit rechtserzieherisch, weil diese auf die Herausbildung sozialistischen Bewußtseins und sozialistischer Verhaltensweisen der Bürger gerichtet ist.“[1]
Das der Stärkung der sozialistischen Rechtsordnung wie der sozialistischen Ordnung insgesamt dienende Verhalten wird so zum entscheidenden Maßkriterium des Niveaus des Rechtsbewußtseins, wenngleich nicht hinter jedem rechtsmäßigen Verhalten feste rechtliche Überzeugungen gestanden haben müssen.
Die Achtung gegenüber dem Gesetz, gegenüber dem Recht zur persönlichen Überzeugung zu machen,[2] wurde auf einer Konferenz zu Fragen der Formierung der Achtung der Persönlichkeit gegenüber dem Gesetz im Dezember 1974 in Moskau als die Schlüsselfrage der praktischen Rechtserziehung bezeichnet.
Die rechtlichen Überzeugungen eines Menschen hängen nicht nur sehr eng mit seinen weltanschaulichen, politischen und moralischen Überzeugungen zusammen, sondern zugleich auch mit seinem Verantwortungsbewußtsein, seiner Einstellung zu seinen Pflichten. Wenn wir im Zusammenhang mit der Kriminalität, insbesondere solche Einstellungen wie weltanschaulich-politische bzw. zur Gesellschaft als Ganzes, Einstellungen zur Arbeit und zum Lernen, Einstellungen zu den Mitmenschen als bedeutsam hervorheben, dann kulminieren diese alle – basierend auf den weltanschaulich-politischen Überzeugungen – im Verantwortungsbewußtsein, in der Einstellung zu gesellschaftlichen Forderungen und moralisch-politischen bzw. rechtlichen Pflichten.
Gewiß nicht zufällig läßt das sowjetische Lehrbuch Marxistisch-leninistische Allgemeine Theorie des Staates und des Rechts das Kapitel über das sozialistische Rechtsbewußtsein im Band 4 mit einer Aussage Breshnews ausklingen, in der er – in die Zukunft orientierend – sagte: „Das eigentliche Wesen des Kommunismus wird dadurch bestimmt, daß die Bürger einen hohen Grad an die Bewußtheit (besitzen) und von Verantwortungsgefühl gegenüber der Gesellschaft erfüllt sind ...“[3]
Die Vermittlung rechtlicher Überzeugungen, die vom Gefühl der Verantwortung und Pflicht gegenüber der Gesellschaft als Ganzes gegenüber der Arbeit anderer und gegenüber seinen Mitmenschen getragen ist, scheint mir bei einer auf Vorbeugung von Kriminalität und Rechtsverletzungen gerichteten sozialistischen Rechtserziehung das Entscheidende zu sein. Solche rechtlichen Überzeugungen schließen zugleich die prinzipielle Bereitschaft ein, das sozialistische Recht in seiner Gesamtheit und auch in seinen künftigen Veränderungen und Entwicklungen zu achten.
Im Kern geht es hierbei darum, ob und inwieweit der Mensch (eine Klasse, ein Kollektiv und auch der einzelne) bereit und entschlossen ist, sich entsprechend den grundlegenden gesellschaftlichen Erfordernissen, die ihm als gesellschaftliche (politisch-moralische und rechtliche) Forderungen gegenübertreten, zu verhalten. (Übrigens orientiert ganz in diesem Sinne der § 61 unseres StGB auf die Fähigkeit und Bereitschaft des Täters, künftig seiner Verantwortung gegenüber der sozialistischen Gesellschaft

---

[1] J. Streit, Das Programm der Staatsanwaltschaft zur Vorbereitung des IX. Parteitages der SED, Neue Justiz 21/1975, S. 615 ff, hier S. 616.

[2] L. I. Breshnew, Rechenschaftsbericht des ZK der KPdSU auf dem XXIV. Parteitag der KPdSU, Berlin 1971, S. 109.

[3] L. I. Breshnew, Rede auf der gemeinsamen Festsitzung zum 50. Jahrestag der Bildung der UdSSR, Berlin, Dietz-Verlag, 1973, S. 71.

nachzukommen.) Wir haben deshalb auch das „Wesen der strafrechtlichen Verantwortlichkeit“ darin gesehen, „den Täter durch die gerechte Anwendung des Strafrechts zu verantwortungsbewußter Einstellung zu den sozialen Regeln und Normen der sozialistischen Gesellschaft zu führen.“[4]

Dabei ist es nicht erforderlich und keine Bedingung des rechtmäßigen Handelns, ob und daß der einzelne diese Forderungen als rechtliche erkennt oder er reflektiert hat, daß hier sein Rechtsbewußtsein im Spiele ist bzw. daß dieses Bewußtsein wissenschaftlich als Rechtsbewußtsein abgehoben wird. Für sein rechtmäßiges Handeln wie für die Herausbildung seiner rechtlichen Überzeugungen ist entscheidend und ausreichend, daß er den sozial-politischen Inhalt der in Rechtsformen gekleideten gesellschaftlichen Forderungen in sich aufgenommen hat, sie akzeptiert, sich mit ihnen identifiziert und sich in seinem Verhalten von ihnen leiten läßt.

Lukaschewa bringt, zu Recht die verhaltensregulierende Funktion des sozialistischen Rechtsbewußtseins, der rechtlichen Überzeugungen mit den gesellschaftlichen Zielen in Zusammenhang, die im Recht ausgedrückt sind, und mißt darin das Niveau des sozialistischen Rechtsbewußtseins und die Festigkeit der rechtlichen Überzeugungen.[5]

Die Vermittlung und Festigung solcher von Verantwortungsbewußtsein und Pflichtgefühl getragener rechtlicher Überzeugungen sind wesentlich eine Sache der planmäßigen gesellschaftlichen revolutionären Praxis, auch der gesellschaftlichen und individuellen Erfahrung der Menschen. In diesem Zusammenhang nehmen solche Erscheinungen unseres gesellschaftlichen Lebens, wie Planmäßigkeit, Ordnung und Disziplin, Stabilität (als notwendige Züge und Charakteristika des Sozialismus-Kommunismus, der kommunistischen Gesellschaftsordnung) einen entscheidenden und geradezu persönlichkeitsgestaltenden Platz ein.

Wenn die überwiegende Mehrheit unserer Bürger grundlegende gesellschaftliche Forderungen, die auch rechtlich durch das Strafrecht postuliert werden, ganz selbstverständlich aus Gewohnheit einhält, dann erkennen wir hierin ein hohes Niveau des sozialistischen Rechtsbewußtseins und zugleich die Möglichkeit, dieses schrittweise allgemein zur Geltung zu bringen.

Eng mit der Herausbildung sozialistischer Persönlichkeiten mit hohem Rechtsbewußtsein ist die von Lenin erhobene Forderung nach Rechnungslegung und Kontrolle, nach Diszipliniertheit und Organisiertheit verbunden.

„Rechnungsführung und Kontrolle“ bezeichnet er geradezu als „das Wesen der sozialistischen Umgestaltung“,[6] als „das Wichtigste, was zum ‚Ingangsetzen‘, zum richtigen Funktionieren der kommunistischen Gesellschaft in ihrer ersten Phase erforderlich ist“[7] und sich zugleich als Vorbedingung für den Übergang zur höheren Phase der kommunistischen Gesellschaft erweist. Damit ist zugleich die Grundlinie eines Programms der praktischen Entwicklung des sozialistischen Rechtsbewußtseins vorgezeichnet, nämlich überall Ordnung und Disziplin und die strikte Einhaltung der sozialistischen Gesetzlichkeit durchzusetzen und Unordnung und Ungesetzlichkeit als günstige

---

[4] Buchholz/Hartmann/Lekschas/Stiller, Sozialistische Kriminologie, Berlin 1971, S. 278/9.

[5] E. A. Lakaschewa, Sozialistisches Rechtsbewußtsein und Gesetzlichkeit; Juristische Literatur, Moskau 1973 (russ.), S. 95.

[6] W. I. Lenin, Werke, Bd. 26, S. 408.

[7] W. I. Lenin, Werke, Bd. 25, S. 487/88.

Bedingung für Kriminalität und andere Rechtsverletzungen konsequent zu begegnen.[8]

Gerade auf junge, in ihren weltanschaulich-politischen wie moralisch-rechtlichen Überzeugungen noch wenig gefestigte Menschen wirken solche Erscheinungen außerordentlich destruktiv. Übrigens besteht der bei verschiedenen jugendlichen und jungen Straftätern festgestellte Mangel an Familienerziehung nicht so sehr in irgendwelcher besonderen pädagogischen oder psychologischen Unbildung der Eltern, sondern wesentlich gerade im Fehlen von Ordnung und Regelmäßigkeit, von Heranführen an Pflichten und Verantwortung, sowie von Konsequenzen (was die Pädagogen dann mit Pendalerziehung, liberalem oder autoritärem Erziehungsstil bezeichnen).

Für die praktische Rechtserziehung – die ihren Beginn in der Familie nehmen muß – ist gerade die Konsequenz, die auch das Einstehenlassen für Nachlässigkeiten und Pflichtversäumnisse, erst recht für Rechtsverletzungen oder Straftaten einschließt, von entscheidender Bedeutung. Die notwendige Sanktion – aus welchen Gründen auch immer – nicht zur Anwendung zu bringen, heißt, die Verbindlichkeit und Unabdingbarkeit der rechtlichen Forderung durch die zuständigen Organe und Leitungen selbst in Frage zu stellen. Die Unvermeidbarkeit der Strafe oder sonstiger gesellschaftlicher Reaktionen, die Aufdeckung jeder Rechtsverletzung sind aber das Allerwichtigste für eine hohe vorbeugende Wirksamkeit solcher Maßnahmen, die durch nichts zu kompensieren ist. Es ist auch – vgl. Art. 2 StGB – ein Erfordernis sozialistischer Gerechtigkeit, daß jede Straftat aufgedeckt und der Schuldige zur Verantwortung gezogen wird.

Jedes Fehlen der notwendigen Konsequenz, mit dem Recht ernst zu machen, kann leicht die Festigung des Rechtsbewußtseins beeinträchtigen. Vor allem in diesem Sinne verstehe ich die Forderung der Partei, „Angriffe gegen unsere Ordnung konsequent zu ahnden.“[9]

Natürlich darf man die Sache nicht auf den Kopf stellen: Nicht die Sanktionen und schon gar nicht die strafrechtlichen Sanktionen sind der Ausgangspunkt. Dazu sei auf den Beitrag von Lukaschewa hingewiesen, die ausführt: „daß das rechtmäßige Verhalten einer Persönlichkeit selbst nicht durch die regulierende Rolle des Rechts, durch das Vorhandensein von Sanktionen gewährleistet werden kann. Wenn das Vorhandensein von Sanktionen für die Regulierung des Verhaltens der Menschen ausreichend wäre, dann könnte es in der Gesellschaft keine Rechtsverletzungen geben. Daher hängt die Effektivität der regulierenden Rolle des Rechtsbewußtseins und des Rechts immer vom Entwicklungsniveau und von der Reife des rechtlichen Bewußtseins ab.“[10]

Aber für die Entwicklung des Rechtsbewußtseins sind Ordnung und Disziplin, Planmäßigkeit und Stabilität – und darin eingeschlossen auch Konsequenz gegenüber Rechtsverletzungen – ausschlaggebend.

Ein praktisches Fazit ziehend, ergeben sich für die Justiz- und Sicherheitsorgane insbesondere folgende – keineswegs neuen – Aufgaben:

– darauf hinzuwirken, daß im Sinne der Forderungen der Partei und in Erfüllung des

---

[8] Vgl. Sowjetstaat und Recht 8/75, S. 54 ff.

[9] Vgl. Bericht des VIII. Parteitages der SED.

[10] E. A. Lukaschewa, Sozialistisches Rechtsbewußtsein und Gesetzlichkeit, Juristische Literatur, Moskau 1973 (russ.), S. 95/6.

Art. 3 StGB alle Staats- und Wirtschaftsfunktionäre vorbehaltlos die sozialistische Gesetzlichkeit achten und Ordnung, Disziplin und Sicherheit als Bestandteil ihrer Leitungstätigkeit durchsetzen. Von Seiten der Staatsanwaltschaft stellt sich dies wesentlich als Aufgabe der Gesetzlichkeitsaufsicht; aber auch von den Sicherheitsorganen und Gerichten kann Bedeutsames in dieser Richtung geleistet werden (u. a. durch Gerichtskritik).

- zu gewährleisten, daß auf der Grundlage allseitiger und gerechter Beurteilung der Tat und des Täters ohne Ansehen der Person jeder Schuldige, aber kein Unschuldiger zur Verantwortung gezogen wird.
- unter Achtung der Würde und Freiheit des Menschen, der Grundrechte der Bürger und der prozessualen Garantien, einschließlich des Rechts auf Verteidigung, die strikte gewissenhafte und genaueste Einhaltung der Prozeßvorschriften zu sichern[11] und
- ihre Entscheidungen überzeugend zu begründen.

Die Bürger erwarten von den Justiz- und Sicherheitsorganen des sozialistischen Staates gerade eine solche Arbeit; sie bringen ihnen das Vertrauen entgegen, daß durch Erfüllung dieser Aufgaben die sozialistische Rechtsordnung und damit auch ihre Interessen wirksam geschützt werden. Zugleich festigt und erhöht die Erfüllung dieser Aufgaben das Ansehen der sozialistischen Justizorgane und damit das Ansehen des sozialistischen Rechts überhaupt, was wiederum für die Entwicklung des Rechtsbewußtseins der Bürger so wichtig ist. Gesetzlichkeit und Gerechtigkeit, Achtung der Würde und Freiheit der Persönlichkeit sind im Sozialismus nicht irgendwelche juristische Prinzipien, sondern hohe rechtliche und moralische Werte und Ideen, die die Menschen voll verwirklicht wissen wollen und die im Sozialismus auch voll verwirklicht werden können und müssen.

Je vollkommener unsere Justiz- und Sicherheitsorgane diese Ideen und in Einklang damit die genannten Aufgaben realisieren, desto höher ist das rechtserzieherische Niveau und die Wirksamkeit ihrer Tätigkeit, desto stärkere Impulse zur Mobilisierung der Werktätigen im Kampf gegen Straftaten und Rechtsverletzungen gehen von ihr aus.

---

[11] Streit, a. a. O.

FRITHJOF KUNZ

Zur Bedeutung der Rechtspropaganda auf dem Gebiete des Arbeitsrechts für die Festigung des Rechtsbewußtseins

Ich möchte auf die hervorragende Bedeutung hinweisen, die der insbesondere in den staatlich organisierten Betriebskollektiven planmäßig geleisteten Arbeit und der Rechtspropaganda auf dem Gebiete des Arbeitsrechts für die Festigung des Rechtsbewußtseins der Arbeiter und Angestellten und indirekt auch der anderen Bürger zukommt. Rechtsbewußtsein wächst nicht allein und wohl auch nicht in erster Linie durch Schulung und Propaganda, sondern durch aktive Teilnahme am Aufbau der entwickelten sozialistischen Gesellschaft. Hier wiederum ist diejenige Sphäre des gesellschaftlichen Lebens von besonders nachhaltigem Einfluß auf die Formung des gesamten politischen Bewußtseins, in welcher die Bürger ihre Rolle als Träger der Staatsmacht, als sozialistische Eigentümer und Arbeitende aktiv verwirklichen: die gemeinsame kameradschaftliche Arbeit. Ihr fortgeschrittenster Typus ist die auf dem gesamtgesellschaftlichen Volkseigentum basierende Arbeit in den volkseigenen Betrieben, aber auch in Einrichtungen und Institutionen. So ist es auch durchaus gesetzmäßig, daß von den großen volkseigenen Betrieben als den Ballungszentren der Angehörigen der Arbeiterklasse jeweils die entscheidenden Impulse für die Stärkung des gemeinsamen Ringens um die vorbildliche Lösung der wirtschaftlichen und staatlichen Aufgaben ausgingen. Hier wurde die Aktivisten- und Wettbewerbsbewegung geboren. Gleiches erweist sich angesichts des heutigen Niveaus unserer gesellschaftlichen und damit auch staatlich-rechtlichen Entwicklung an der Massenbewegung für Ordnung, Sicherheit, Sauberkeit, Disziplin und Gesetzlichkeit und ihrer harmonischen Einbettung in den sozialistischen Wettbewerb.

Die Aktivisten- und Wettbewerbsbewegung ist von Anbeginn an nicht nur auf ökonomische Ziele gerichtet gewesen, sondern war, von der Partei der Arbeiterklasse geführt und den Gewerkschaften organisiert, ein Wetteifern um die Stärkung der Arbeiter-und-Bauern-Macht. Insoweit wurde er auch für die Stärkung der sozialistischen Demokratie in Betrieb und Wirtschaft entsprechend den verfassungs- und arbeitsrechtlichen Grundnormen, um die Ausprägung des sozialistischen Charakters der Arbeit in den Arbeitsverhältnissen gemäß den Grundprinzipien des sozialistischen Arbeitsrechts geführt. Das Arbeitsrecht unterstützte mit seinen Normen dieses Ringen und erfuhr daraus neue Impulse für seine eigene Weiterentwicklung.

Einzelne Wettbewerbsmethoden stellten jeweils bestimmte Seiten der besten Verwirklichung rechtlicher Anforderungen in den Vordergrund. Dabei ist im Laufe der Zeit nicht nur die Breite und Tiefe gewachsen, mit der im Wettbewerb rechtliche Verhaltensanforderungen vielfach in erster Linie gefühlsmäßig vom Standpunkt sozialistischer

Moral erfüllt werden, sondern auch das Wissen darum, daß damit Rechtsvorschriften mit Leben erfüllt werden.
Bereits ein Blick in diese gesellschaftliche Praxis läßt sichtbar werden, daß der Bereich der sozialistischen Arbeit in besonderem Maße wichtig ist für das Wachsen sozialistischer Wertvorstellungen und Beweggründe für die Einhaltung des Rechts unserer Republik. Dafür lassen sich ebenso auch theoretische Überlegungen anstellen: Zunächst sind die Arbeitsverhältnisse diejenigen, in denen sich im wortwörtlichen Sinne die kameradschaftliche Zusammenarbeit und gegenseitige Hilfe von Ausbeutung freier Produzenten vollzieht, von hier aus erfahren alle anderen Formen kameradschaftlicher Zusammenarbeit in anderen Bereichen der Gesellschaft ihre entscheidende Prägung. Diese kameradschaftliche Zusammenarbeit kennzeichnet dabei alle ihre Phasen von der Leitung und Planung der Arbeit bis zum Zusammenspiel bei ihrer eigentlichen Durchführung. Die Werktätigen in den volkseigenen Betrieben vollziehen die kameradschaftliche Arbeit als staatlich geleitete Arbeit nach demokratischen sozialistischen Leitungsprinzipien. Sie sind dabei gleichzeitg Objekt und Teil des Subjekts der Leitung, meistern als Angehörige der führenden Arbeiterklasse die sozialistische Großprodukton, verwirklichen auf sozialistische Weise den wissenschaftlich-technischen Fortschritt. Ihre Stellung zum Staat, ihr Staats- und Rechtsbewußtsein entfaltet sich daher gerade im Prozeß der Arbeit. Hier treten sie in engste Beziehung zum Staat und verwirklichen seine Aufgaben. An der Praxis im Betrieb ersehen sie aber auch die Wahrhaftigkeit der von unserem Staat festgelegten Ideale und Grundsätze (und sind dabei übrigens vielfach sehr rasch geneigt, aus der Fähigkeit der Betriebsleiter und ihrer leitenden Mitarbeiter Schlüsse auf die staatliche Leitung insgesamt zu ziehen). Maßstab für diese Prinzipien sind in den jeweiligen konkreten Fällen die Grundnormen unserer Verfassung und des Arbeitsrechts. Von ihnen finden sie aber auch in konkreten Leitungsfragen zu den einzelnen Vorschriften.
Im Arbeitsverhältnis gestalten und erleben die Angehörigen der Arbeiterklasse und ein großer Teil der mit ihnen verbündeten Intelligenz in den Betriebs- und Arbeitskollektiven entscheidende Ideale und Werte unserer Gesellschafts-, Staats- und Rechtsordnung: die Ausübung der Macht durch die Werktätigen, den humanistischen Charakter unserer Gesellschaft und die soziale Geborgenheit des Einzelnen in ihr, die Realität der Hauptaufgabe, die Freiheit von Ausbeutung, die Verwirklichung des sozialistischen Prinzips „Jeder nach seinen Fähigkeiten, jedem nach seiner Leistung“, das Bündnis mit der UdSSR und den anderen Bruderländern, die Verbindung der zentralen staatlichen Leitung und Planung mit der Eigenverantwortung der Betriebe, die Mehrung des Volkseigentums in Übereinstimmung der persönlichen und betrieblichen Interessen mit den gesellschaftlichen Erfordernissen, die Achtung und den Schutz der Würde der Persönlichkeit, die Verwirklichung entscheidender Grundrechte und -pflichten, wie des Rechts auf Arbeit, auf Mitbestimmung und Mitgestaltung und anderer. An diese Erfahrungen sollten wir unter dem Aspekt dieser rechtlichen Werte als Rechtswissenschaftler und damit als Propagandisten unseres Rechts zukünftig noch mehr anknüpfen. Wir sollten auch an Einzelproblemen zeigen, wie ihre arbeitsrechtliche Regelung und deren Verwirklichung letztlich der Realisierung dieser Ideale auf immer höherem Niveau dient. Auch die dabei auftretenden Widersprüche, wie sie die Praxis aufwirft, z. B. auf dem Gebiete des Leistungsprinzips, sind so, aus der Entwicklung heraus, erklärbar und der Festigung des Rechtsbewußtseins durchaus förderlich.

Im Unterschied zu anderen Zweigen unseres Rechts ist das Arbeitsrecht für einen großen Teil der Lebenszeit unserer Werktätigen unmittelbar Ausdruck staatlicher Leitung, gewissermaßen als standardisierte verbindliche staatliche Leitungsentscheidung und Heranziehung zur Teilnahme daran. Es ist damit gleichzeitig für Betriebsleiter und leitende Mitarbeiter wie für die Werktätigen Anleitung zum Handeln. Dabei regt es zu schöpferischem Handeln an, denn es läßt der eigenen Initiative bei der Verwirklichung der Normen einen Spielraum, der im allgemeinen eher weit als eng ist. Von großer Bedeutung ist gerade das Arbeitsrecht deshalb, weil hier die Einheit von Rechten und Pflichten sehr überschaubar ist, wie sie in ihrem Zusammenhang ja auch in der Maxime des Sozialismus auf die Arbeit bezogen besonders klar hervortritt. Die Vorstellungen unserer Bürger von Gerechtigkeit entwickeln sich insbesondere im Arbeitsprozeß. Hier werden auch besonders kritisch die Probleme der Gleichheit vor dem Recht überwacht. Schließlich ist diese Sphäre der Rechtsverwirklichung besonders wichtig für die Schaffung der Voraussetzungen für die immer bessere Realisierung der Hauptaufgabe. Ebenso bestimmt das Arbeitsrecht mit einer verbindlichen Festlegung der materiellen Arbeitsbedingungen besonders den Grad des Anteils des einzelnen an der gegenwärtig möglichen Realisierung der Hauptaufgabe.[1]

Besondere Verdienste bei der Festigung des Rechtsbewußtseins der Werktätigen in den VEB haben die Gewerkschaften. Als Schulen des Sozialismus im Sinne der Heranziehung zur Leitung, des Gewinnens für den Wettbewerb, der Mobilisierung für die aktive Verwirklichung des Rechts gingen von diesen entscheidende Impulse aus. Wesentlich ist, daß die Gewerkschaften die Einhaltung des Rechts den Werktätigen als ein Gebot der Moral nahebringen. Ebenso wichtig ist es, daß sie als Interessenvertretung an Buchstabe und Sinn des Arbeitsrechts orientiert.

Ein weiteres Problem, welches auch in der Diskussion eine Rolle spielte, ist das Verhältnis von Rechtskenntnis zur Aneignung der rechtsethischen Werte. Ich teile die Ansicht, daß eine formale Rechtskenntnis noch nicht ausreicht, um sozialistisches Rechtsbewußtsein zu erzeugen. Sicherlich entwickelt sich sozialistisches Rechtsbewußtsein nicht ohne ein bestimmtes, sich aus der Stellung des einzelnen oder auch des Kollektivs ergebendes Maß an Rechtskenntnissen. Andererseits verlangt sozialistisches Rechtsbewußtsein als Voraussetzung schöpferischen Handelns auch die Kenntnis der Motive, die zur Schaffung der Normen und Institutionen in ihrer konkreten Gestaltung geführt haben. Und schließlich muß sich der Werktätige oder das sonstige Rechtssubjekt auch innerlich mit dem Recht, mit der Norm identifizieren, damit er sie ihrem Sinn gemäß auch in widersprüchlichen Situationen durchsetzen kann.

Dieses notwendige Maß an Rechtskenntnissen ist abhängig von der Stellung der Rechtssubjekts, insbesondere des einzelnen Werktätigen: Der Leiter muß in der Regel mehr Vorschriften kennen als der Werktätige ohne Leitungsfunktion, das Konfliktkommissionsmitglied wieder mehr als ein anderer Werktätiger ohne eine solch verantwortungsvolle Ehrenfunktion usw. Das gilt aber auch differenziert für die einzelnen Rechtszweige.

Sicherlich muß man nicht unbedingt Straftatbestände kennen, um keine strafbare Handlung zu begehen. Größere Rechtskenntnisse sind dort geboten, wo das Recht unmittel-

---

[1] Vgl. hierzu F. Kunz/G. Leifert, Das sozialistische Arbeitsrecht – Mittel zur Erfüllung der Hauptaufgabe und Ausdruck ihrer Verwirklichung, Staat und Recht, 1972, S. 1456.

bar notwendige Anleitung zum Handeln ist. So wird es im Betrieb gut sein, wenn auch Werktätige ohne Leitungsfunktion nicht nur die Grundrechte und -pflichten in ihrer allgemeinen Form kennen, sondern auch etwas näher eindringen in die Aufgaben und Wirkung des Arbeitsvertrages, des Weisungsrechts, der Mitwirkungsformen, bis hin zu Ansprüchen bei Krankheit, Arbeitsunfall usw. Der Leiter muß einiges mehr wissen und sollte dieses Wissen, wie nunmehr begonnen wird, bereits bei seiner Ausbildung zum Leiter – also auch vorbeugend, nicht erst im Moment des Entscheidungszwanges – vermittelt erhalten. Bei ihm muß noch das Vermögen hinzutreten, sich in vertretbarer Zeit über Einzelheiten zu informieren. Auf dem Gebiet des Arbeitsrechts nehmen also Rechtskenntnisse einen verhältnismäßig hohen Stellenwert ein.
Für die Arbeitsrechtswissenschaft ergeben sich noch erhebliche Anstrengungen, um das für die Masse der Werktätigen notwendige populärwissenschaftliche Schrifttum in hoher Qualität und Auswirkung zu schaffen. Auch hier müssen noch Probleme der Didaktik und Methodik wie aber auch der Herausarbeitung der entscheidenden rechtsethischen Werte des Arbeitsrechts noch überzeugender gelöst werden. Es ist gut, dabei die in der UdSSR gesammelten umfangreichen Erfahrungen zugrunde zu legen. Diese Fragen sollten bis zu der erwartenden wichtigen Höherentwicklung unseres Arbeitsrechts breiter diskutiert werden, damit auch durch ein höheres Niveau der Rechtspropaganda die Wirksamkeit des Arbeitsrechts in der Praxis für die immer bessere Lösung der Hauptaufgabe weiter verstärkt werden kann.

GÜNTER LEHMANN

Rechtserziehung und Wettbewerbsbewegung zur Anerkennung als „Bereich der vorbildlichen Ordnung und Sicherheit“

Auf der Grundlage der Beschlüsse von Partei und Regierung zur Verbesserung der Rechtsarbeit und der Rechtspropaganda wurden in vielen Betrieben, vor allem in der sozialistischen Großindustrie, durch die Parteileitung, die Gewerkschaftsleitung und die staatliche Leitung gemeinsame Festlegungen getroffen, um eine wirksame Rechtserziehung zu gewährleisten.

Alle ausgelösten Aktivitäten zeugen davon, daß die ideologische Offensive unserer Partei zur Entwicklung des sozialistischen Rechtsbewußtseins eine bisher nicht gekannte Tiefe und Breite erreicht hat. Deren bisherige Ergebnisse erlauben die Aussage, daß sich eine neue Stufe in der Herausbildung des sozialistischen Rechtsbewußtseins abzuzeichnen beginnt. Jetzt gilt es vor allem, die erzielten Wirkungen gründlicher zu analysieren und in der gesellschaftlichen Praxis die progressiven Veränderungen zu erfassen, in denen sich das angestrebte gewachsene Rechtsbewußtsein objektiviert.

Im folgenden seien einige Zusammenhänge zwischen Rechtserziehung und Entwicklung der gesellschaftlichen Wettbewerbsbewegung zur Schaffung von „Bereichen der vorbildlichen Ordnung und Sicherheit“, einige Grundzüge des Prozesses der Entfaltung des sozialistischen Rechtsbewußtseins dargelegt. Die Untersuchungsergebnisse abstrahieren dabei den zweifellos noch vorhandenen differenzierten Entwicklungsstand und Wirksamkeitsgrad dieser Bewegung und stützen sich hier auf die Bewegung in den fortgeschrittensten Kollektiven, vor allem der Großindustrie.

1. Die Entstehung dieser gesellschaftlichen Masseninitiative ist zunächst selbst das Ergebnis einer neuen Qualität der Rechtserziehung als Bestandteil einer konkreten und lebendigen politisch-ideologischen Überzeugungs- und Erziehungsarbeit in den Arbeitskollektiven. Dauerhafte Erfolge bei der Festigung von Gesetzlichkeit, Sicherheit, Ordnung und Disziplin lassen sich in den Arbeitskollektiven nachweisen, in denen es der Parteiorganisation gemeinsam mit den Gewerkschaftsorganen und der staatlichen Leitung gelungen ist, anhand der konkreten Erfordernisse und Bedingungen des jeweiligen Bereichs eindrucksvoll bewußt zu machen, welcher innere Zusammenhang zwischen Lösung der Hauptaufgabe, Planerfüllung, ökonomischer Integration, Klassenauseinandersetzung und Gewährleistung von Gesetzlichkeit, Sicherheit, Ordnung und Disziplin besteht, welchen gesellschaftlichen und individuellen Nutzen gesetzliches und diszipliniertes Verhalten hervorzubringen vermag und welche spürbaren Nachteile sich aus Rechts- und Disziplinverletzungen für die Gesellschaft, das Kollektiv und den einzelnen ergeben. In diesen Arbeitskollektiven wurde das gesellschaftliche Anliegen und der politisch-ideologische Gehalt solcher sowjetischer Neuererbewegungen wie der

Bassow-Methode, der Slobin-Methode, der Nasarowa-Methode, der Saratower-Methode u. a., die gerade auf der Erkenntnis dieser Zusammenhänge beruhen, in schöpferischer Weise aufgegriffen und teilweise bereits über deren engere Zielstellung hinaus auf den gesamten Prozeß der weiteren Festigung der Gesetzlichkeit übertragen. Der rechtserzieherische Gehalt solcher Methoden sollte theoretisch und praktisch weiter gehoben werden.

Es wurde dazu übergegangen, wichtige Kennziffern der Produktion, wie Material-, Arbeitszeit- und Energieverbrauchsnormen, Qualitätsmaßstäbe, Standards, Schutzgüte usw., nicht mehr nur als rein ökonomische oder technische Größen zu erläutern oder zu betrachten, sondern auch als spezifische Formen, in denen rechtsverbindliche Verhaltensanforderungen gestellt werden. Im ideologischen Klärungsprozeß erfolgte die Auseinandersetzung mit ganz konkreten Verhältnissen, Erscheinungen und Einstellungen, die es zu überwinden galt. Es wurde auch in sehr konkreter Weise sichtbar gemacht, welche schwerwiegenden Folgen Duldsamkeit und Inkonsequenz gegenüber Rechts- und Disziplinverletzungen, falsch verstandene Kollegialität und Kumpanei für die Entwicklung des Kollektivs haben können, wie sie das Klima vergiften, Mißtrauen erzeugen, Fluktuation fördern und gesellschaftliche Initiative und Aktivität brachlegen können, aber auch, welche Einbruchsstellen dadurch dem Klassengegner eröffnet werden.

Eine solche konkrete, lebendige, jeden unmittelbar berührende politisch-ideologische Arbeit hat bei den Werktätigen in den anerkannten vorbildlichen Bereichen zu der Überzeugung geführt und die entsprechende Aktivität ausgelöst, daß die konsequente Verwirklichung des sozialistischen Rechts ihren ureigensten Bedürfnissen und Interessen an einer gesetzlichen, sicheren und geordneten Arbeits- und Lebensweise entspricht, daß es sich lohnt, aktiv für die Gewährleistung von Gesetzlichkeit, Ordnung, Sicherheit und Disziplin einzutreten und keine Rechts- und Disziplinverletzungen zuzulassen.

Ein solches Herangehen ist in mehrfacher Hinsicht von prinzipieller theoretischer und praktischer Bedeutung für die Gestaltung des Rechtserziehungsprozesses, gerade weil es sich in den Arbeitskollektiven in eine Massenbewegung umgesetzt hat:

- Zunächst bestätigt sich erneut die Auffassung, daß die Arbeitskollektive die Zentren der Rechtserziehung bilden. (Das resultiert aus ihrer Stellung und wachsenden Rolle in der sozialistischen Gesellschaft überhaupt.)
- Die Rechtserziehung wird nicht von außen der politisch-ideologischen Überzeugungs- und Erziehungsarbeit hinzugefügt, sondern diese erfolgt bewußt auch als Rechtserziehung, wobei sie zugleich in ihrer gesamten Wirksamkeit durch die Einbeziehung des rechtserzieherischen Aspekts bereichert wird.
- Die Rechtserziehung vollzieht sich vor allem im normalen Arbeits-, Lebens- und Leitungsprozeß bei der Lösung der Planaufgaben. Über die Erkenntnis der konkreten positiven oder negativen Folgen ihres Verhaltens im Arbeitsbereich, über die Auseinandersetzung mit konkreten zu überwindenden Verhältnissen, Erscheinungen und Einstellungen, über das Verständnis konkreter Zusammenhänge in der vertrauten Lebensatmosphäre dringen die Werktätigen in das Wesen und den Wirkungsmechanismus von Recht und Gesetzlichkeit ein. Das Recht wird ihnen lebendig. Der abstrakte Begriff nimmt faßbare Gestalt an.
- Der Rechtserziehungsprozeß wird also nicht in erster Linie und allein durch die Ver-

mittlung und Aneignung allgemeiner Rechtskenntnisse mittels verschiedener Formen der Rechtspropaganda eingeleitet und aktiviert. Umgekehrt wird vielmehr durch diese „kollektiv-persönliche Begegnung“ mit Recht und Gesetzlichkeit das Bedürfnis und die Bereitschaft stimuliert, zunächst zumindest die rechtlichen Grundlagen zu beherrschen, deren genaue Kenntnis für eine exakte Erfüllung der Arbeitsaufgaben oder die Ausübung einer Funktion notwendig ist. Auf diese Weise wächst aber zugleich das Interesse, darüber hinausgehende größere allgemeine Rechtskenntnisse zu erwerben.

- Nicht zuletzt aber wird deutlich, daß die Rechtserziehung um so wirksamer wird, je enger sie sich – wechselseitig durchdringend und befruchtend – mit der Propagierung der ökonomischen und technischen Politik verbindet.
- Eine zielstrebige Aktivität entwickelt sich vor allem in den Arbeitskollektiven, in denen Parteileitung, Gewerkschaftsleitung und staatliche Leitung nach einer einheitlichen Konzeption zur Durchsetzung und Einhaltung des sozialistischen Rechts handeln und sich dabei auf die zum Arbeitskollektiv gehörenden Abgeordneten, Schöffen, Mitglieder gesellschaftlicher Gerichte u. a. ehrenamtliche Kräfte stützen, die auf bestimmten Gebieten für die Einhaltung der Gesetzlichkeit tätig sind.

2. Unter solchen Bedingungen wird auch der Kampf um die Anerkennung als „Bereich der vorbildlichen Ordnung und Sicherheit“ als Bestandteil des sozialistischen Wettbewerbs selbst zu einem grundlegenden rechtserzieherischen Prozeß, der immer mehr Massencharakter annimmt. Er erhält dadurch seine qualitative Substanz, das gesellschaftliche Fundament seiner Wirksamkeit. Die gesellschaftliche Bewegung ist gegenwärtig eine der wirksamsten Formen der Aktivität der Arbeitskollektive bei der Gewährleistung von Gesetzlichkeit, Sicherheit, Ordnung und Disziplin.

Das Neue besteht darin, daß durch die Einordnung der Aufgaben auf diesem Gebiet in den sozialistischen Wettbewerb alle Leninschen Wettbewerbsprinzipien, wie Öffentlichkeit, bewußte Freiwilligkeit, Abrechenbarkeit, Vergleichbarkeit, ideelle und materielle Anerkennung, auch für die weitere Festigung von Gesetzlichkeit, Ordnung und Sicherheit, Anwendung finden. Die große erzieherische Kraft des gesamten Wettbewerbs wird damit für die Lösung der speziellen Aufgaben freigesetzt, zugleich aber auch dadurch bereichert. Die gesellschaftliche Wirksamkeit beruht vor allem darauf, daß Aufgaben und Erfordernisse zur Gewährleistung der Gesetzlichkeit im Arbeitskollektiv und rechtliche Anforderungen an das gesellschaftsgemäße Verhalten der Kollektivmitglieder in konkrete Wettbewerbsverpflichtungen, also in freiwilliges und bewußtes Handeln, umschlagen.

Durch die Wettbewerbsbewegung verbindet sich die gesellschaftliche Aktivität der Kollektivmitglieder mit der besseren Wahrnehmung der Verantwortung der Leiter für die Gewährleistung von Gesetzlichkeit, Ordnung, Sicherheit und Disziplin zu einer höheren Effektivität. Deren Verantwortung wird also weder geschmälert noch abgelöst, sie wird vielmehr wesentlich gestärkt und ist einer breiteren öffentlichen Kontrolle unterworfen. Gerade darin äußert sich eine weitere Vertiefung des demokratischen Zentralismus.

3. Die auf diese Weise ausgelöste gesellschaftliche Aktivität der Arbeitskollektive wird nun wiederum rückwirkend wesentlich stimuliert, wenn die Zielstellungen im Wettbewerb konsequent erfüllt wurden, vorbildliches Handeln die gebührende ideelle und materielle Anerkennung gefunden hat und die angestrebten positiven Veränderungen

für jedes Kollektivmitglied sichtbar und spürbar eingetreten sind. Dadurch werden neue, günstigere Bedingungen für die Entwicklung des sozialistischen Rechtsbewußtseins, für die erfolgreiche Rechtserziehung geschaffen.
In die positive Bilanz der Verwirklichung der Beschlüsse von Partei und Regierung kann aufgenommen werden, daß die Arbeitskollektive in gewachsenem Maße zum Träger der Verwirklichung ihres Rechts, der Durchsetzung und Einhaltung von Gesetzlichkeit, Ordnung, Sicherheit und Disziplin geworden sind. Durch ihre gesellschaftliche Aktivität im sozialistischen Wettbewerb haben sie Gesetzlichkeit, Ordnung, Sicherheit und Disziplin als noch nicht voll ausgeschöpfte Reserve des ökonomischen und sozialen Fortschritts, als produktivitätssteigernde, demokratiefördernde und bewußtseinsbildende Faktoren zur Wirkung gebracht. In den Arbeitskollektiven sind auch zukünftig außerordentlich große Potenzen und Triebkräfte zu sehen, die die Erfüllung der neuen, höheren Aufgaben von Gesetzlichkeit, Ordnung, Sicherheit und Disziplin garantieren werden.

SIEGFRIED MERKER

Die Bedeutung der sozialistischen Gesetzlichkeit in der staatlichen Leitung für die Wirksamkeit der Rechtssetzung und Rechtspropaganda

Der weitere Ausbau des sozialistischen Rechts entsprechend der Entwicklung unserer sozialistischen Gesellschaft spiegelt sich in solchen Gesetzeswerken, wie in der Ergänzung und Änderung der Verfassung der DDR vom 7. 10. 1974, dem Gesetz über den Ministerrat vom 16. 2. 1972, dem Gesetz über die örtlichen Volksvertretungen und ihre Organe, der Verordnung über die Aufgaben, Rechte und Pflichten der VE-Betriebe, Kombinate und VVB, dem Beschluß des Politbüros des ZK der SED und des Ministerrates über die nächsten Aufgaben zur Erläuterung des sozialistischen Rechts sowie zur Festigung und Weiterentwicklung des Rechtsbewußtseins der Werktätigen, wider.
Von den erreichten Ergebnissen auf ökonomischem, geistig-kulturellem und sozialem Gebiet in unserer Stadt können wir ableiten, wie das Bewußtsein unserer Bürger wächst, wie sie mitarbeiten, mitplanen und mitregieren, sich für eine vorbildliche Ordnung und Sicherheit einsetzen und so die sozialistische Demokratie auf immer höherer Stufe verwirklichen.
Die weitere Ausgestaltung des sozialistischen Rechts hat dazu beigetragen, daß die Bereitschaft der Werktätigen, bei der Lösung der gesellschaftlichen Arbeit mitzuwirken, um die Rechtsregeln freiwillig einzuhalten, gewachsen ist. Die Einhaltung der Rechtsnormen durch die Werktätigen im Prozeß der Arbeit, im Bereich der Freizeit jedoch kommt nicht von selbst, sondern ist ein ständiger politischer Erziehungsprozeß.
Ausgehend von der Gesamtverantwortung der örtlichen Volksvertretung, kann heute eingeschätzt werden, daß, geführt von der Arbeiterklasse und ihrer marxistisch-leninistischen Partei, die Abgeordneten der Stadtverordnetenversammlung und die Mitglieder des Rates durch ihre Arbeit in den Betrieben, Genossenschaften und Einrichtungen sowie im Wahlkreis es immer besser verstehen, rechtserzieherisch wirksam zu werden.
Bei der komplexen Bearbeitung von Problemen der Rechtserziehung in der Stadtverordnetenversammlung und bei Berichterstattungen des Rates vor der Stadtverordnetenversammlung über Schwerpunktaufgaben des Volkswirtschaftsplanes werden stets Probleme der Erläuterung des sozialistischen Rechts und der Festigung des Rechtsbewußtseins sowie der Erhöhung der Ordnung und Sicherheit mit eingeschätzt.
Spezifische Aufgabenstellungen tragen wesentlich dazu bei, der noch oft anzutreffenden ressortmäßigen Arbeit in den einzelnen Kommissionen und Fachbereichen und dem nicht genügenden komplexen Durchdenken von Leitungsentscheidungen schrittweise entgegenzuwirken.
Weiterhin haben die insbesondere im Jahre 1975 nach Inkraftsetzen des Politbüro-

beschlusses vom 19. 11. 1974 und des Ministerratsbeschlusses vom 28. 11. 1974 regelmäßig durchgeführten öffentlichen Sprechstunden der Volksvertreter in den Betrieben, Genossenschaften und Wohnbezirken unserer Stadt dazu beigetragen, das Vertrauensverhältnis der Bürger zum Machtorgan der Arbeiterklasse und ihrer Partei enger zu gestalten. In den Sprechstunden der Abgeordneten wird immer stärker sichtbar, daß ein erheblicher Teil von Bürgern nicht nur zur Klärung ihrer eigenen Probleme vorspricht, sondern vielmehr auch kritisch auf Unzulänglichkeiten hinweist und Vorschläge unterbreitet.

Es ist bedeutsam, daß in den Gesprächen auch sichtbar wird, daß die Bürger noch besser und umfangreicher über die Möglichkeiten des sozialistischen Rechts informiert werden wollen. Möglichkeiten der Rechtserziehung werden durch die Justiz- und Sicherheitsorgane des Kreises in vielfältiger Art und Weise aktiv gestaltet.

Neben diesen genannten Organen wird eine vorbildliche rechtserzieherische Arbeit durch die ehrenamtlichen Mitarbeiter der Arbeiter-und-Bauern-Inspektion, die Mitarbeiter der Arbeitsschutzinspektion, die Werktätigen in den Schöffenkollektiven, die Mitglieder von Schiedskommissionen und Konfliktkommissionen, der Rechtserziehungsaktive und anderen geleistet.

Anliegen der örtlichen Volksvertretung ist es, das Zusammenwirken der staats- und wirtschaftsleitenden Organe sowie der gesellschaftlichen Organisationen und Gremien der Stadt auf dem Gebiet der Kriminalitätsvorbeugung und Bekämpfung sowie der Festigung des Rechtsbewußtseins der Bürger zu fördern und zu unterstützen. Ausgehend davon, daß die Vervollkommnung der Leitung und Planung der gesellschaftlichen Prozesse des Territoriums mit der Erhöhung der Wirksamkeit des sozialistischen Rechts verbunden ist, macht Schlußfolgerungen für die weitere Entwicklung der sozialistischen Gemeinschaftsarbeit erforderlich.

So hat der Rat der Stadt Wittenberg in enger Verbindung mit dem Kreisvorstand des FDGB und dem Stadtausschuß der Nationalen Front im Jahre 1973 in Auswertung der Erfahrungen und Wettbewerbsinitiativen einiger Betriebe und Wohnbezirke damit begonnen, eine breite Masseninitiative im Kampf um die Anerkennung als Bereich der vorbildlichen Ordnung, Disziplin und Sicherheit zu entwickeln und immer mehr die Werktätigen in die Lösung der rechtspolitischen Aufgaben einzubeziehen.

Immer mehr Betriebe und Wohnbezirke des Territoriums haben bei der Beratung der Wettbewerbsprogramme und der Betriebskollektivverträge den untrennbaren Zusammenhang zwischen der Erfüllung der Planaufgaben und den Aufgaben der Ordnung, Sicherheit, Disziplin und Sauberkeit erkannt.

Auf der Grundlage der gesammelten Erfahrungen hat der Rat der Stadt im Auftrag der Volksvertretung die Aufgaben der Ordnung und Sicherheit immer mehr zum Bestandteil der staatlichen Führungs- und Leitungstätigkeit gemacht. Die Ständige Kommission Innere Angelegenheiten, VP und Justiz der Stadtverordnetenversammlung haben unter Einbeziehung aller staatlichen und gesellschaftlichen Kräfte gemeinsam mit den Betrieben und Vertretern der Wohngebiete eine Konzeption erarbeitet, die Hilfe und Anleitung bei der Entfaltung der Bürger- und Wettbewerbsinitiative sein soll.

Die vielfachen Aktivitäten und Initiativen sind Ausdruck dafür, daß die überwiegende Mehrheit der Bürger an einer vorbildlichen Ordnung und disziplinierten Erfüllung der gesellschaftlichen Pflichten in der Arbeit und allen Bereichen des gesellschaftlichen Lebens interessiert ist.

Wir müssen aber auch andererseits einschätzen, daß es nach wie vor einen Teil von Bürgern gibt, welcher Straftaten begeht. Dabei dürfen wir die Augen nicht davor verschließen, daß in verschiedener Hinsicht die Kriminalität gefährliche Züge aufweist. Entsprechend den gesetzlichen Bestimmungen, sind in erster Linie die Räte der Städte und Gemeinden in ihrem Verantwortungsbereich für die Organisierung der Maßnahmen zur Bekämpfung der kriminellen Gefährdung, insbesondere für die Durchführung der Erfassung, Erziehung und Kontrolle der kriminell gefährdeten Bürger, verantwortlich. Sie haben die Koordinierungsfunktion wahrzunehmen und tragen eine große Verantwortung für die Wiedereingliederung Strafentlassener in das gesellschaftliche Leben.
Durch eine gute Zusammenarbeit und gegenseitige Informationsbeziehungen ist es uns in der zurückliegenden Zeit immer besser gelungen, insbesondere auf asoziale Tendenzen und Asozialität zu reagieren. Vorhandene gesetzliche Möglichkeiten werden besser ausgenutzt, die Erziehung und Betreuung wird koordinierter zwischen staatlichem Organ, Betrieb und gesellschaftlichen Kräften ausgerichtet.
Hinsichtlich der Wiedereingliederung Strafentlassener in das gesellschaftliche Leben kann eingeschätzt werden, daß bereits seit dem Jahre 1970 im Kreis die langfristige und nahtlose Wiedereingliederung praktiziert wird. Sie hat sich ständig weiterentwikkelt. Das findet seinen konkreten Ausdruck in einer engen Zusammenarbeit des örtlichen Rates mit den Betrieben, durch Verbindungsaufnahme zum Strafvollzug, durch ständigen Briefwechsel mit dem Beschuldigten bzw. Verurteilten, durch Besuche in den Strafvollzugsanstalten und Kontaktaufnahme zu den Familienangehörigen.
Die Erfahrungen zeigen, daß es insbesondere darauf ankommt, innerhalb des Freizeitbereiches der zu betreuenden Personen eine wirksamere Einflußnahme und Kontrolle zu gewährleisten. Die Tätigkeit ehrenamtlicher Mitarbeiter zur Erziehung kriminell gefährdeter Bürger und der Wiedereingliederung Strafentlassener in das gesellschaftliche Leben hat eine große Bedeutung für den anzustrebenden Erziehungserfolg. Mehrere Rechtserziehungskollektive leisten wertvolle operative Arbeit, welche sich auf die unmittelbare Erfassung, Betreuung kriminell gefährdeter Bürger und auf die Wiedereingliederung strafentlassener Bürger richtet.
Ihre Tätigkeit hat entscheidend dazu beigetragen, unter Führung der örtlichen Volksvertretung die Rechtssicherheit der Bürger zu erhöhen und die Bürger ihrer Wohnbezirke zur bewußten und freiwilligen Einhaltung der sozialistischen Rechtsnormen zu erziehen.
Diese bewährte Form der ehrenamtlichen Tätigkeit weiter zu entwickeln, wobei der Schwerpunkt auf die unmittelbare Erfassung und Betreuung kriminell gefährdeter Personen zu richten ist, wird weiterhin intensives Anliegen des Rates der Stadt bleiben.

GERHARD KUNZE

Erfahrungen und Ergebnisse bei der Entwicklung des sozialistischen Rechtsbewußtseins und der sozialistischen Rechtsverwirklichung auf einer Großbaustelle

Der Aufbau der Stickstofflinie in Piesteritz bietet eine Fülle von Beispielen, an Problemen, an positiven Ergebnissen bei der Entwicklung des sozialistischen Rechtsbewußtseins, bei der sozialistischen Rechtsverwirklichung und der ständig an Bedeutung gewinnenden Rolle des sozialistischen Rechts.

Die Erfahrungen auf der Großbaustelle zeigen, daß viele Leiter die ihnen übertragenen Aufgaben nicht als praktische Durchsetzung der Politik von Partei und Regierung betrachteten. Die Einhaltung von Ordnung, Disziplin, Sauberkeit und Sicherheit wurde oftmals als „zusätzliche" Aufgabe verstanden, und es wurde nicht erkannt, daß sich gerade deren Einhaltung entscheidend auf die Erfüllung der Planaufgaben auswirkt. Um solchen Auffassungen zu begegnen, wurde deshalb unter Führung und mit ständiger Unterstützung der gesamten Parteiorganisation konsequent auf die Einnahme eines klaren Klassenstandpunktes und die strikte Einhaltung der bestehenden Ordnungen und Gesetze orientiert. Weiterhin wurde auf der Basis des vorhandenen Entwicklungsstandes des sozialistischen Rechtsbewußtseins analysiert, wo auf Grund bestehender Unzulänglichkeiten eine zielgerichtete Veränderung erreicht werden muß.

Die eingeleiteten Maßnahmen erstreckten sich auf die

- Schaffung von Normen und Individualakten für das Verhalten auf der Baustelle und in den Wohnunterkünften,
- regelmäßige analytische Tätigkeit,
- Durchführung einer straffen Kontrolltätigkeit.

Bei der konsequenten Verwirklichung dieser Schritte wurde folgendermaßen verfahren: Die Ausarbeitung der o. g. Normen erfolgte in enger Zusammenarbeit mit den zuständigen Institutionen und gesellschaftlichen Organisationen des Territoriums. So lagen schließlich abgestimmte Dokumente vor, was den Vorteil hatte, daß bei Einschätzungen bezüglich Einhaltung oder aufgetretener Verstöße keine unterschiedlichen Auffassungen auftraten.

Im folgenden richtete sich die Leitungstätigkeit des GAN auf eine umfassende Rechtserziehung und Rechtsverwirklichung.

Dabei wurden folgende Formen mit Erfolg angewandt:

- Bildung und Stabilisierung einer Abteilung Ordnung und Sicherheit als Funktionalorgan für alle Fragen der Ordnung, Sicherheit, Sauberkeit und Disziplin beim Generalauftragnehmer.
- Ausarbeitung jährlicher Führungsdokumente für Probleme Ordnung und Sicherheit und Erteilung von Führungsaufträgen an die Leiter.

- Aber insbesondere die verstärkte Einbeziehung von Fragen Ordnung und Sicherheit in den sozialistischen Wettbewerb.

Begonnen wurde mit den Kollektiven, die um den Staatstitel „Kollektiv der sozialistischen Arbeit" kämpften. Diese Kollektive waren auch die ersten, die den Kampf um den Titel „Bereich der vorbildlichen Ordnung, Sicherheit, Sauberkeit und Disziplin" aufnahmen.

Weshalb?

Es war eine Selbstverständlichkeit, daß auf der „Großbaustelle der Deutsch-Sowjetischen Freundschaft" diese Kollektive ihren Titelkampf mit dem Kampf um den Ehrennamen „Kollektiv der DSF" verbanden. Der regelmäßige Erfahrungsaustausch auf der Grundlage eines Freundschaftsvertrages mit einer Schwesternbaustelle in der Sowjetunion zeigte deutlich, welche Anstrengungen auf dem Gebiet der Ordnung, Sicherheit, Sauberkeit und Disziplin unternommen werden müssen, um das dort vorgefundene Niveau zu erreichen.

Wesentlich erscheint, daß die übernommenen Verpflichtungen stets mit der Planerfüllung verbunden wurden und daß es keine Rechenschaftslegung gab ohne Einschätzung der Probleme Ordnung und Sicherheit und umgekehrt.

Positiv muß gewertet werden, daß in den Verpflichtungen auch Kriterien der o. g. Führungsdokumente, bereichsspezifisch abgewandelt, eingearbeitet wurden. Dies führte z. B. zur Bildung von Rechtspflegeaktiven und zu einer merklichen Verbesserung der Arbeit des Verkehrssicherheitsaktivs.

Diese Breitenarbeit führte dazu, daß das Kollektiv der Gesamt-Baustelle den Kampf um den Titel „Baustelle der vorbildlichen Ordnung, Sicherheit, Sauberkeit und Disziplin" aufnahm und z. Z. führt.

Entscheidend ist aber, daß diese gesamte Bewegung zu einem höheren Niveau im sozialistischen Wettbewerb insgesamt führte. Die vorherrschende Tendenz, nur die Termine zu sehen, wich einer komplexen Denkweise zur Gesamtproblematik. Erfreulich ist, daß dabei von Jahr zu Jahr mehr auch die Bau- und Montagekollektive aus den sozialistischen Staaten einbezogen wurden.

Es muß aber auch kritisch eingeschätzt werden, daß in den Bereichen, wo der Kampf nur formal geführt wurde, die gesteckten Ziele nicht erreicht wurden, im Gegenteil, Rückschritte eintraten.

Nicht unerwähnt soll die arbeitsplatzbezogene Qualifizierung auf dem Gebiet des sozialistischen Rechts einschließlich der Ablegung eines Befähigungsnachweises auf dem Gebiet des Arbeitsrechts für alle Leiter bleiben.

Als nächstes gilt es, diese Aktivitäten durch gezielte Maßnahmen der sozialistischen Rechtspropaganda allen Werktätigen differenziert nahezubringen.

Dazu wurden u. a. folgende Maßnahmen durchgeführt:

- Jährliche Konferenzen zu Problemen Ordnung und Sicherheit der Großbaustelle unter Teilnahme von Leitern, Funktionären und den verantwortlichen Leitern der Sicherheitsorgane des Territoriums.
- Foren mit Staatsanwälten des Bezirkes und des Kreises zu spezifischen Problemen vor Leitern und Funktionären.
- Differenzierte regelmäßige Schulung aller Mitarbeiter, welche ständigen Kontakt mit ausländischen Werktätigen haben.
- In den Betriebszeitungen der Großbaustelle und des Generalauftragnehmers wurde

zu Problemen Ordnung und Sicherheit Stellung genommen. Auch wurden positive und negative Beispiele niveauvoll in Form von Wandtafeln, kleinen Ausstellungen und auf Versammlungen der staatlichen und gesellschaftlichen Leitungen ausgewertet.

Gestützt auf die geschaffenen Voraussetzungen und die eingeleiteten Maßnahmen zur Verbesserung der sozialistischen Rechtserziehung, wurde der 2. Schritt getan.

Entsprechend dem Grundsatz „Mit Hilfe von Ordnung und Sicherheit zur allseitigen Planerfüllung", wurden neben den Einschätzungen zur Erfüllung der Kennziffern des Volkswirtschaftsplanes folgende regelmäßige analytische Berichterstattungen zum Stand mit Festlegungen für die weitere Entwicklung vorgenommen:

- Kriminalitätsanalyse
- Analyse zur Rechtsarbeit, wie Eingaben, Beratungen der Konfliktkommission, Stand des Kontos schlechter Leitungstätigkeit
- Analyse des Unfall- und Krankenstandes, einschließlich Brände und Havarien.

Diese Analysen versetzten die Leitung in die Lage, zielgerichtet auf Probleme und bestimmte Bereiche einzuwirken.

Aber keine Aufgabenstellung ohne Abrechnung. Deshalb wurde dem 3. Schritt, einer straffen Kontrolltätigkeit, große Bedeutung beigemessen.

Anknüpfend an die gute Zusammenarbeit bei der Ausarbeitung der eingangs genannten Regelungen für das Verhalten auf der Baustelle, wurde eine Koordinierungsgruppe Ordnung, Sicherheit, Sauberkeit und Disziplin gebildet, welcher die verantwortlichen Leiter des Territoriums für Sicherheitsfragen angehörten. Monatlich wurden Einschätzungen vorgenommen und verbindliche Festlegungen getroffen.

Quartalsweise mußten die Leiter zu Fragen der Ordnung und Sicherheit vor der Leitung mündlich berichten.

Nach einem Gegenbericht des Leiters der Abteilung Ordnung und Sicherheit wurden dann auch unterschiedliche Auffassungen geklärt. Diese Berichterstattung wurde mit einer Auswertung der Erfüllung von Auflagen staatlicher und gesellschaftlicher Organe verbunden.

Trotzdem führten die eingeleiteten Maßnahmen nicht dazu, daß der Aufbau des Investitionsvorhabens problemlos verlief.

So mußten auch in vielen Fällen bei Verstößen gegen die Arbeitsdisziplin, gegen die einzelnen Ordnungen der Baustelle, gegen die materiellen und finanzielen Fonds und bei Verfehlungen gegen gesetzliche Bestimmungen die disziplinarische und materielle Verantwortlichkeit durchgesetzt, Ordnungsstrafverfahren durchgeführt oder Ermittlungsverfahren eingeleitet werden.

Dies betraf z. B. Arbeitsbummelei, Genuß von Alkohol auf der Baustelle, wiederholtes Niederreißen des Werkzaunes zur Verkürzung des Heimweges, Fahren unter Alkohol, Fehlverhalten gegenüber NSW-Firmen, unberechtigte Vereinnahmung von Montagegeldern, Diebstahl von Baumaterialien, Verstöße gegen den ordnungsgemäßen Umgang von Staats- und Dienstgeheimnissen u. a. m.

Auf der Grundlage der oben dargestellten Maßnahmen und der beharrlichen Erziehung aller Leiter zur Verbesserung der politisch-ideologischen Arbeit im Kampf gegen bürgerliche Auffassungen und Verhaltensweisen, Sorglosigkeit und Selbstzufriedenheit, verbunden mit der Erziehung zur Einhaltung der Staats-, Plan- und Arbeitsdisziplin und der Herausbildung eines unduldsamen Verhaltens gegenüber Verletzung von Gesetzen, erhöhte sich merklich das sozialistische Rechtsbewußtsein der Leiter und Mitarbeiter.

Des weiteren muß eingeschätzt werden, daß dabei der Beschluß des Politbüros der SED vom Mai 1974 über die Entwicklung des sozialistischen Rechtsbewußtseins und der Beschluß des Ministerrates über die Verbesserung der Rechtsarbeit in der Volkswirtschaft vom Juni 1974 wesentliche Unterstützung gaben.

In den Jahren 1974 und 1975 konnte festgestellt werden, daß die Werktätigen und ganze Kollektive verstärkt auf die Einhaltung der sozialistischen Gesetzlichkeit achten und Hinweise für bestehende Unzulänglichkeiten gaben.

Diese positive Entwicklung darf auf keinen Fall zur Selbstzufriedenheit mit dem Erreichten führen, sondern es gilt in gezielter Massen- und Breitenarbeit weitere Werktätige in die sozialistische Rechtserziehung einzubeziehen.

So wird die weitere Entwicklung des sozialistischen Rechtsbewußtseins und damit Festigung unserer sozialistischen Gesetzlichkeit zunehmend Sache des gesamten Kollektivs der Großbaustelle.

HELMUTH GRIEGER

Aufgaben des Ministeriums der Justiz zur Kooordinierung der rechtspropagandistischen Tätigkeit

Mit dem Beschluß des Politbüros des ZK der SED vom 7. Mai 1974 wurde dem Ministerium der Justiz die Verantwortung für die zentrale staatliche Anleitung zur Erläuterung des sozialistischen Rechts und Koordinierung aller Maßnahmen auf diesem Gebiet übertragen. Diese verbindliche Festlegung trägt der Tatsache Rechnung, daß es notwendig ist, die verschiedenen und differenzierten rechtspropagandistischen Maßnahmen zu einem einheitlichen System zusammenzufassen.
Zur wirksamen zentralen Koordinierung der rechtspropagandistischen Maßnahmen im Bereich der Volkswirtschaft und in anderen Bereichen des gesellschaftlichen Lebens wurde beim Ministerium der Justiz im vergangenen Jahr als ehrenamtliches Gremium ein Arbeitskreis für Rechtspropaganda gebildet, dem Vertreter der zentralen Justiz- und Sicherheitsorgane, anderer zentraler Staatsorgane, gesellschaftlicher Organisationen sowie der Wissenschaft angehören. Dieser Arbeitskreis hat sich in Auswertung sowjetischer Erfahrungen grundsätzliche Aufgaben gestellt:

1. Beratung prinzipieller theoretischer und praktischer Probleme der Rechtspropaganda,
2. Beratung zentraler Schwerpunkte für die Rechtspropaganda und daraus abgeleitete Aufgaben,
3. Erfahrungsaustausch über den Entwicklungsstand der Rechtspropaganda und die Lösung der gestellten Aufgaben.

Eine der vordringlichsten Aufgaben bestand darin, zentrale Schwerpunkte für die Erläuterung des sozialistischen Rechts in Zusammenarbeit mit den zentralen Justiz- und Sicherheitsorganen, anderen zentralen Staatsorganen, gesellschaftlichen Organisationen herauszuarbeiten. Bei ihrer Entwicklung und Konzipierung wurde davon ausgegangen, daß sie das Resultat einer auf gründliche Auswertung der Dokumente der Partei und Regierung, der Kriminalstatistik, der Statistik für Arbeits-, Zivil- und Familienrechtsverfahren sowie von Leitungsentscheidungen zentraler Staatsorgane und der Eingabenanalyse des Ministeriums der Justiz beruhenden Einschätzung sein müssen. Wir haben uns auch davon leiten lassen, daß sich die zentralen Schwerpunkte der Rechtspropaganda gemäß dem Auftrag des Politbürobeschlusses vom 7. Mai 1974 an alle Staats- und Wirtschaftsorgane, gesellschaftlichen Organisationen, Schul-, Bildungs- und Erziehungseinrichtungen sowie an die Wissenschaft wenden müssen. Für die zu planenden, zu organisierenden und durchzuführenden rechtspropagandistischen Maßnahmen wird deshalb orientiert auf

- die konsequente Durchsetzung des sozialistischen Arbeitsrechts einschließlich des Neuererrechts,

- den wirksamen Schutz des sozialistischen Eigentums,
- die Durchsetzung der gesetzlichen Bestimmungen zur Förderung und zum Schutz der Jugend,
- die Durchsetzung der Rechte und Pflichten der Werktätigen in den täglichen Versorgungsbeziehungen.

Bei der Ausarbeitung des Anleitungsmaterials zu den genannten Schwerpunkten der Rechtspropaganda haben wir uns deshalb davon leiten lassen, daß wir mit der Erläuterung des ganzen politischen Wesens und natürlich auch des konkreten juristischen Inhalts unserer Rechtsvorschriften zugleich weit darüber hinausgehende wichtige politisch-ideologische Bildungsaufgaben bei der klassenmäßigen Erziehung der Werktätigen zur marxistisch-leninistischen Weltanschauung zu verwirklichen haben.

Wir werden in der weiteren Arbeit verstärkt unser Augenmerk auf die Entwicklung von Vorschlägen zur wirksamen Erläuterung des sozialistischen Rechts an staatliche Organe, gesellschaftliche Organisationen und Massenmedien sowie auf die Organisierung der Gemeinschaftsarbeit, des Erfahrungsaustausches und der Propagierung bewährter Methoden dieser Arbeit richten müssen.

Für unsere künftige Arbeit auf diesem Gebiet sehen wir bei der vollen Wahrnehmung der uns übertragenen Koordinierungsverantwortung eine wichtige Aufgabe darin, einen Beitrag zur Verallgemeinerung der fortgeschrittensten Erfahrungen bei der Propagierung des sozialistischen Rechts und zur Weiterentwicklung bewährter Formen und Methoden der Rechtspropaganda in der Volkswirtschaft auch aus der Mitverantwortung des Ministeriums der Justiz bei der Durchsetzung des Rechtsarbeitsbeschlusses vom 13. Juni 1974 zu leisten.

SIEGFRIED PETZOLD

Probleme der populärwissenschastlichen Arbeit zu Fragen des Staates und des Rechts

In Verwirklichung des Beschlusses des Zentralkomitees der SED und des Ministerrates über die nächsten Aufgaben zur Erläuterung des sozialistischen Rechts sowie zur Festigung und weiteren Entwicklung des Rechtsbewußtseins der Werktätigen konnten in der populärwissenschaftlichen Arbeit der URANIA zu Fragen des Staates und des Rechts beachtliche Fortschritte erzielt und wertvolle Erfahrungen gesammelt werden.

Es entspricht der führenden Rolle der Arbeiterklasse beim Aufbau der entwickelten sozialistischen Gesellschaft und der Notwendigkeit, ihren Einfluß auf allen Gebieten des gesellschaftlichen Lebens zu verstärken, daß sich in der gesamten Veranstaltungstätigkeit eine stärkere Hinwendung zu den Arbeitskollektiven und damit eine spürbare Aktivierung der rechtspropagandistischen Arbeit in den Betrieben zeigt. Insbesondere in den großen sozialistischen Betrieben der Industrie wird in zunehmendem Maße zu einer systematischen rechtspropagandistischen Arbeit übergegangen, die sich vor allem in Vortragszyklen für mittlere Leitungskader, Meister, Brigadiere und Gewerkschaftsfunktionäre sowie in einer engeren Verbindung zwischen der rechtserzieherischen Arbeit und der Bewegung für vorbildliche Ordnung und Disziplin in den Betrieben und Arbeitskollektiven äußert.

An diesem allgemeinen Aufschwung in der populärwissenschaftlichen Arbeit zu den Fragen des Staates und des Rechts haben die Staats- und Rechtswissenschaftler an den Universitäten und Hochschulen einen bedeutenden Anteil.

Ausgehend von der wachsenden Bedeutung des sozialistischen Staates und Rechts beim Aufbau der sozialistischen und kommunistischen Gesellschaft und der weiteren Ausprägung der Bewußtheit und des Schöpfertums der Werktätigen, ergeben sich zwangsläufig neue, höhere Ansprüche an die rechtspropagandistische Arbeit. Es geht letztlich darum, auch die Wirksamkeit der populärwissenschaftlichen Arbeit weiter zu erhöhen.

Das erfordert

erstens, das ideologisch-politische und theoretische Niveau der populärwissenschaftlichen Arbeit weiter zu erhöhen. Das Schwergewicht liegt also nicht in erster Linie auf der quantitativen Ausdehnung der Vortragstätigkeit, sondern darin, eine höhere Qualität zu erreichen;

zweitens ist es erforderlich, die rechtspropagandistische Arbeit systematischer und zielgerichteter durchzuführen und

drittens, anschaulicher und differenzierter zu gestalten. Dabei verstehen wir die Differenziertheit nicht in erster Linie im Sinne der Vielfalt, vielmehr kommt es darauf an, bei der Behandlung der verschiedenen Probleme auch die zweckmäßigsten Formen und

Methoden anzuwenden, sich immer wieder auf die neuen Bedingungen einzustellen und damit Erscheinungen der Routine und des Schematismus zu überwinden. Das ist ein ständiger Prozeß.

Angesichts der zunehmenden Anforderungen an die populärwissenschaftliche Arbeit kann sich die Verantwortung des Staats- und Rechtswissenschaftlers, der Sektionen an den Hochschulen und Universitäten für die populärwissenschaftliche Arbeit aber nicht darauf beschränken, mehr oder weniger zahlreich Vorträge zu halten. Sie muß vor allem ihren Beitrag zur inhaltlichen Profilierung der populärwissenschaftlichen Arbeit sowie besseren methodischen, anschaulichen Gestaltung leisten und zur theoretischen Fundierung der Rechtspropaganda und Rechtserziehung selbst.

Wir gehen davon aus, daß es in der populärwissenschaftlichen Arbeit vor allem darauf ankommt, tiefere Einsichten in die Gesetzmäßigkeiten der sozialistischen Staats- und Rechtsentwicklung, ihrer geschichtlichen Rolle und ihrer historischen Überlegenheit gegenüber der kapitalistischen Staats- und Gesellschaftsordnung zu vermitteln. Die bewußte Teilnahme an der sozialistischen Demokratie und die bewußte Befolgung der juristischen Normen als sozialistische Verhaltensregeln bedingen sich gegenseitig und sind Ausdruck unserer sozialistischen Lebensweise.

Das schließt die Erläuterung der Normen unseres sozialistischen Rechts in sich ein. Sie kann sich aber nicht darauf reduzieren, einzelne Rechtsvorschriften zu behandeln, weil es auch nicht Sinn und Zweck der Rechtspropaganda sein kann, die Bürger zu Juristen zu machen. Gleichermaßen kommt es darauf an, die Auseinandersetzung mit den bürgerlich-imperialistischen Staats- und Rechtsauffassungen prinzipiell und konkret weiterzuführen und sich mit der bürgerlichen Ideologie überall dort auseinanderzusetzen, wo sie sich in Auffassungen von Bürgern über den Staat, über Recht und Demokratie äußert und auftritt.

Insgesamt kommt es darauf an, die Ausstrahlungskraft der Staats- und Rechtswissenschaft auf die inhaltliche Profilierung der populärwissenschaftlichen Arbeit zu erhöhen und die vorhandenen Möglichkeiten noch besser auszuschöpfen. Dabei ist es notwendig, den staats- und verfassungsrechtlichen Fragen größere Aufmerksamkeit zu schenken. Mit der weiteren Verstärkung der sozialistischen Demokratie in der Sphäre der materiellen Produktion und der breiteren Einbeziehung der Werktätigen in die Leitung und Planung der Volkswirtschaft gilt es auch, im stärkeren Maße die Grundsätze und Normen des sozialistischen Wirtschaftsrechts zu erläutern.

Die Gestaltung der entwickelten sozialistischen Gesellschaft stellt nicht nur inhaltlich höhere Anforderungen an die ideologische Arbeit zur Entwicklung und Festigung des sozialistischen Rechtsbewußtseins der Bürger, sondern setzt auch neue Maßstäbe für das „Wie“ der populärwissenschaftlichen Arbeit. Das erfordert, den methodischen und pädagogischen Fragen der Rechtspropaganda größere Aufmerksamkeit als bisher zu schenken.

Unseres Erachtens ist es notwendig, die Gesetzmäßigkeiten und die innere Logik der propagandistischen Arbeit generell immer besser zu beherrschen und zugleich die Spezifik der rechtspropagandistischen Arbeit zu erfassen.

So stellt sich neben der ständigen Profilierung des Inhalts der populärwissenschaftlichen Arbeit immer dringender die Aufgabe, die theoretischen Grundlagen der Rechtspropaganda und Rechtserziehung sowie die Methodik der Rechtserziehung auszuarbeiten.

UDO KRAUSE

Erfahrungen aus der rechtspropagandistischen Arbeit des Rundfunks der DDR

In Ziffer 10 des Politbüro-Beschlusses vom 7. 5. 1974 wird auch dem Rundfunk der DDR aufgetragen, kontinuierlich Fragen des sozialistischen Rechts zu behandeln und praktische Rechtskenntnisse zu vermitteln. Die Journalistenkollektive des Rundfunks haben diese von der Parteiführung gestellte Aufgabe unverzüglich zu ihrer Sache gemacht und in vielfältige, inhaltlich und methodisch differenzierte und – wie wir auf Grund der Hörer-Resonanz sagen dürfen – wirksame Sendekonzeptionen und -beiträge umgesetzt.

Dabei kann festgestellt werden, daß wir auf diesem Gebiet über gute Traditionen und Erfahrungen verfügen. Die systematische Behandlung rechtspolitischer Themen ist seit jeher Bestandteil unseres innenpolitischen Rundfunk-Journalismus. In beiden Programmen von Radio DDR gehört Rechtspropaganda in umfassendem Sinne zu den profilbestimmenden Inhalten. Es gibt hier Sendereihen, die zum Teil seit Jahrzehnten bestehen und sich offenkundig großer Beliebtheit erfreuen, wie die sonntägliche Sendung „Prof. Dr. Kaul antwortet" und die Serie „Nicht nur eine Akte". Diese bewährten Formen der Publizierung von Rechtsformen, Rechtsentscheidungen und Problemen der Entwicklung des Rechtsbewußtseins waren, dem Beschluß entsprechend, auszubauen. Darüber hinaus war zu gewährleisten, daß der politisch und ideologisch wichtige Aspekt der Durchsetzung von Ordnung, Sicherheit und Gesetzlichkeit in unserer gesamten innenpolitischen (darunter auch in der wirtschafts-, agrar- und kulturpolitischen) Arbeit im erforderlichen Maße beachtet wird.

Nach Ablauf von fast anderthalb Jahren können wir einschätzen, daß wir den im Politbüro-Beschluß formulierten Anforderungen quantitativ vollauf und qualitativ im wesentlichen gerecht geworden sind.

Im I. Quartal 1975 haben wir uns vorwiegend mit folgenden Themen befaßt:

- Die Bewegung für Ordnung, Sicherheit und Gesetzlichkeit in Betriebskollektiven und Wohngebieten, insbesondere der Kampf um den Titel „Bereich der vorbildlichen Ordnung und Sicherheit"; in diesem Zusammenhang Probleme des Schutzes des sozialistischen Eigentums, von Straftaten und Havarien sowie des Arbeitsschutzes.
- Probleme der Weiterentwicklung des sozialistischen Zivilrechts im Zusammenhang mit der Zivilgesetzbuch-Diskussion; Fragen des Wohnungswesens, des Mietrechts und der Mietergemeinschaften sowie der Rechte und Pflichten von Betrieben und Kunden im Einzelhandel und im Dienstleistungsbereich.
- Die Neuwahl der Konfliktkommissionen als Ausdruck der umfassenden Verwirklichung der sozialistischen Demokratie und Gesetzlichkeit im Betrieb; in Verbindung

damit die konsequente Durchsetzung des Arbeitsrechts in der dialektischen Einheit von Rechten und Pflichten.

Zu den Problemen, die von uns ständig behandelt werden, gehören außerdem die Erhöhung der Verkehrssicherheit sowie der Brandschutz, ferner die umfassende Verwirklichung der staatlichen Jugendpolitik unter besonderer Beachtung der Erziehung junger Menschen zu bewußter Disziplin und einer sozialistischen Lebenshaltung.

Vor allem aber geht es für die Zukunft darum, durch eine noch zielstrebiger auf die Erfüllung der journalistischen Hauptaufgabe gerichtete, politisch überzeugende, an den Interessen der werktätigen Hörer orientierte, lebensnahe Rechtspublizistik die bewußtseinsbildende Wirkung aller Sendungen und Beiträge zu erhöhen. In den Journalisten- und Dramaturgenkollektiven des DDR-Rundfunks haben wir uns bei der Diskussion des Planes für das kommende Jahr auch den damit zusammenhängenden inhaltlichen und methodischen Problemen zugewandt.

Ich möchte in dem Zusammenhang zwei erörterte Gesichtspunkte skizzieren, weil mir scheint, daß sie keineswegs nur medienspezifisch bedeutsam sind, sondern die publizistische Rechtspropaganda insgesamt betreffen.

Das ist zunächst eine Frage, die auch in anderen Bereichen, beispielsweise in der Volksbildung, viel diskutiert, zuweilen aber wohl doch allzu vereinfacht beantwortet wird: Ist Rechtspropaganda eine Ressortfrage, ein besonderes Fachgebiet, dessen Bearbeitung man getrost den dazu bestellten Fachleuten überlassen kann?

Die Antwort liegt im Grunde schon in der Frage, sie lautet: Nein. Auch wir sind zunächst der Ansicht, daß Rechtspropaganda im Rundfunk nicht auf einige, besonders ausgewiesene und von Juristen oder Fachjournalisten gestaltete bzw. betreute Sendungen beschränkt sein darf, daß es sich vielmehr um ein übergreifendes politisch-ideologisches Prinzip des gesamten, jedenfalls des gesamten innenpolitischen Journalismus handeln muß. Weder über ökonomische oder agrarpolitische Themen, noch über aktuelle Probleme der Kultur- oder sagen wir der Bildungspolitik kann man heute mit dem Anspruch, ernst genommen zu werden, öffentlich schreiben oder reden, wenn man den Gesetzlichkeitsaspekt seines Gegenstandes nicht beachtet oder ihn vielleicht gar nicht oder nicht gründlich genug kennt. Das bedeutet nicht unbedingt, daß man stets ein Gesetzblattzitat bei der Hand haben oder sich immerfort ausdrücklich auf die Autorität eines Gesetzes berufen soll. Nur muß man die verbindlichen Orientierungen, die für alle Bereiche unserer gesellschaftlichen Praxis in entsprechenden Rechtsvorschriften gegeben sind, zum Leitfaden des eigenen öffentlichen Wirkens machen. Das sichere Wissen um das jeweils gesellschaftlich Nötige, Nützliche und Richtige – nicht wie es subjektiv gesehen, sondern wie es für das ganze Land definiert und in einer Rechtsnorm fixiert ist – kann durch „allgemeine" politische Einsichten, durch noch so profunde sonstige Fachkenntnisse und auch durch gewissenhafte Beachtung der tages- oder wochenbezogenen Argumentation nicht ersetzt werden (umgekehrt gilt allerdings das gleiche). Hier liegt der Ansatzpunkt für eine wirksame und umfassende Rechtspropaganda, die sich ja nicht nur mit der Kriminalität und auch nicht ausschließlich mit Unterhalts- oder Mietrückständen und der anteiligen Zahlung von Jahresendprämien beschäftigen kann. Es ist keine Frage, daß dieser Seite der journalistischen Arbeit (und ich möchte hinzufügen: sicher nicht nur der journalistischen) sowohl bei der Ausbildung des Nachwuchses als auch in der redaktionellen Praxis verstärkte und ernsthafte Aufmerksamkeit zugewandt werden muß.

Mir scheint aber, dies ist nur eine unvollständige Antwort auf die vorhin gestellte Frage; eine Teilwahrheit. Ihr anderer Teil lautet nach unserer Erfahrung: Ja, Rechtspropaganda ist auch eine Ressortaufgabe, ist ein journalistisches Fachgebiet wie andere, das mit System und solider Sachkunde langfristig betrieben und verantwortet werden muß. Die einleuchtende und unangreifbare Formel von der übergreifenden Bedeutung der Rechtspropaganda wird sonst leicht zu einer Ausrede, die darüber hinwegtäuscht, daß auf diesem Gebiet in Wahrheit nichts oder nur Unzulängliches getan wird. Der Politbürobeschluß orientiert uns im übrigen keineswegs darauf, mehr über die „Rolle der Bedeutung" zu reden, was notfalls auch noch ohne spezifische Fachkenntnisse zu machen wäre; vielmehr geht es um die allgemeinverständliche Erläuterung des sozialistischen Rechts, um die Vermittlung praktischer Rechtskenntnisse, die im täglichen Leben der Bürger von Bedeutung sind, um die Publizierung konkreter Rechtsfragen und Rechtsentscheidungen. Es bedarf nicht des Beweises, daß dies sehr sehr anspruchsvolle und verantwortungsvolle Aufgaben sind, nicht lösbar nach dem früher verbreiteten Prinzip, daß derjenige journalistische Mitarbeiter zur Gerichtsverhandlung oder zum Gespräch mit dem Staatsanwalt geschickt wird, der gerade nichts Besseres zu tun hat. Und auch die bewährte Bundesgenossenschaft mit unseren Partnern in den Justiz- und Sicherheitsorganen entbindet die journalistischen Medien hier nicht von der Pflicht zu eigenen Bemühungen, eigenen personellen und Strukturüberlegungen, die uns auf lange Sicht befähigen, die uns von der Parteiführung übertragene, wichtige Arbeit auf diesem Gebiet erfolgreich zu leisten. Im Rundfunk – und zwar sowohl in den zentralen Programmen als auch in den Regionalsendern – haben wir jedenfalls bestätigt gefunden, daß es sich auszahlt, nach diesem Prinzip zu verfahren.

Auf ein zweites Problem sei hingewiesen, das in der Vergangenheit schon öfter Gegenstand kritischer, teilweise polemischer Diskussionen war und bei dessen Erörterung zuweilen unterschiedliche Betrachtungsweisen zu Mißverständnissen führten.

Gemeint ist hier der Platz, den der Rechtskonflikt bei der publizistischen Rechtspropaganda einnimmt. Zuweilen wird versucht, ihn allein durch den Hinweis auf die Funktionsweise des sozialistischen Rechts selbst zu bestimmen, das bekanntlich insgesamt und in allen seinen Zweigen nicht allein und nicht vorrangig ein Instrumentarium zur Konfliktbereinigung darstellt, das auch nicht auf den Konfliktfall zugeschnitten ist, sondern Leitlinien für ein richtiges, gesellschaftsgemäßes Verhalten setzt und insofern konfliktvorbeugend wirkt. Aber so unbestreitbar richtig dieser rechtstheoretische Ansatz ist, so unzureichend beantwortet er die hier aufgeworfene Frage, weil er den für die Wirkung der Rechtspropaganda äußerst wichtigen *methodischen* Aspekt außer acht läßt.

Um nicht mißverstanden zu werden, möchte ich hervorheben, daß wir die Darstellung des Konflikts, etwa im Gerichtsbericht, nicht als den einzigen und auch nicht als den beherrschenden Weg ansehen, Rechtskenntnisse zu vermitteln und rechtsbezogene Überzeugungen zu prägen. Wir halten ein umfangreiches Arsenal von publizistischen und literarischen Darstellungsmitteln für erforderlich und wenden es, wie schon dargelegt, im großen und ganzen erfolgreich an, von der öffentlichen Rechtsberatung – bei der allerdings, wenn sie in der beliebten Form von Antworten auf Hörerbriefe gestaltet ist, zumeist auch von individuellen Konfliktsituationen ausgegangen wird – über rechtspolitische Interviewsendungen und Kommentare bis zu ausgedehnten Diskussionen mit Zehnklassenschülern über rechtlich-moralische Probleme junger Leute, wie der

Schulfunk von Radio DDR sie seit dem vorigen Schuljahr regelmäßig einmal im Monat sendet. Nach unseren Beobachtungen und auch nach verschiedenen soziologischen Quellen sind aber die – um im Bild zu bleiben – weitaus *massenwirksamsten* Waffen in diesem Arsenal Sendungen, die an einen zugespitzten Konflikt anknüpfen und seine Ursachen und Bedingungen, seine gesellschaftlichen Zusammenhänge ausleuchten. Sie gehören zu den beliebtesten Wortsendungen überhaupt und machen insoweit sogar den Übertragungen bedeutender Sportereignisse halbwegs Konkurrenz. Das gilt beispielsweise für die in Zusammenarbeit mit der Staatsanwaltschaft konzipierte Hörspielreihe „Tatbestand" und in medienentsprechend größerem Umfang für die Fernsehreihe „Der Staatsanwalt hat das Wort", ich darf es aber auch für die von mir gestaltete Sendereihe „Nicht nur eine Akte" – einen dokumentarischen Gerichtsbericht – in Anspruch nehmen. Hier treten die von uns zu vermittelnden Einsichten und Erkenntnisse gewissermaßen vom Katheder herunter ins Leben. Das Interessanteste für den Menschen ist nun einmal der Mensch, hat ein kluger Mann gesagt, und er hat damit ohne Zweifel recht. Es ist eine Sache, in einem Vortrag allgemeine gute Lehren über die Notwendigkeit einer konsequenten Jugenderziehung zu erteilen – und eine andere, dieses pädagogische Prinzip gewissermaßen zu personifizieren, es anhand menschlicher Schicksale erlebbar zu machen. Nachhaltiger wirksam, weil emotional bewegend, und aktivierender, weil eigenes Nachdenken herausfordernd, wird oftmals die letztgenannte Methode sein.

Dies ist, wie ich nochmals betonen möchte, hier nicht als Plädoyer für die Erhebung des Konflikts in den Mittelpunkt der publizistischen Rechtspropaganda gemeint. Es soll aber der nach unserer Überzeugung kurzschlüssigen Auffassung widersprochen werden, daß die operative Wirksamkeit, die ideologische Spannweite derartiger Formen von vornherein und prinzipiell begrenzt sei. Sie ist es dann nicht, wenn der Rechtskonflikt – eine Straftat, möglicherweise aber auch ein arbeitsrechtlicher Streitfall, eine zivilrechtliche Auseinandersetzung oder eine Ordnungswidrigkeit – zwar den Anknüpfungspunkt bildet, der eigentliche Gegenstand aber die Konfliktüberwindung ist. So angefaßt, handelt es sich keineswegs um ein rückwärts gewandtes Lamentieren oder Moralisieren über Unabänderliches, sondern um die Vermittlung produktiver Einsichten mit dem Ziel, Orientierung zu geben und Veränderung zu bewirken – mit einem Wort, um eine didaktische Methode, die der Funktionsweise des sozialistischen Rechts durchaus entspricht und tauglich ist, die von der Parteiführung gesetzten Ziele der Rechtspropaganda zu erreichen. Ob und in welcher Weise diese Möglichkeiten genutzt werden, ist schon eine Frage der „Machart", über die wir uns weitere Gedanken zu machen haben werden.

ROLF LEUSCHEL

Erfahrungen des Fernsehens der DDR für eine wirksame Rechtspropaganda

Es gehört zu den Traditionen der Arbeiterpresse, Ratsuchenden Rechtsauskünfte zu geben. So wurde bereits vor mehreren Jahren eine Ratgebersendung zu Rechtsfragen des Alltags eingerichtet. Nunmehr kann diese Reihe, die den Sendetitel „Fragen Sie Prof. Kaul" trägt, sich auf wertvolle Erfahrungen stützen.

Diese Sendung „Fragen Sie Prof. Kaul" gehört heute zu den meist gesehenen und beliebtesten Ratgebersendungen des Fernsehens der DDR. Sie erreicht ein Millionen-Publikum. Das ist weit mehr, als zunächst angenommen wurde. Im Unterschied zu anderen Sendungen des Fernsehens, den klassischen Kriminalfilmen, den Sendungen „Pitaval", den Sendungen „Der Staatsanwalt hat das Wort", der Reihe „Polizeiruf 110", wurden in der Ratgeberreihe ausschließlich Probleme des sozialistischen Zivilrechts behandelt. Die Ratsuchenden sollten, wie alle anderen Zuschauer auch, Hinweise für die mögliche Lösung eines Rechtsfalles erhalten. Damit wollte die Sendereihe das Bewußtsein der Bürger unseres Staates stärken und klarmachen, daß ihr Recht in unserer sozialistischen Gesellschaft gesichert ist. Außerdem sollten die Sendungen dazu beitragen, richtige Verhaltensweisen für das Zusammenleben der Menschen in unserer Gesellschaft zu fördern. Dabei ging es stets um die Behandlung und Klärung von häufig auftretenden Rechtsfällen des Alltags.

Diese konzeptionelle Wirkungsabsicht ist in den bisher 50 ausgestrahlten Sendungen inhaltlich voll verwirklicht worden. Das bestätigen die bisher insgesamt zu dieser Sendereihe eingegangenen 60 300 Briefe von Zuschauern.

Worin liegen nun die Ursachen dieses Erfolges, welche Erfahrungen lassen sich für eine wirksame Rechtspropaganda aus der Arbeit dieser Fernsehreihe ableiten?

Erstens muß von den konkreten Fragen der Zuschauer ausgegangen werden.

Das war für die Mitarbeiter der Redaktion zu Beginn der Reihe nicht immer leicht. Obwohl es aus der 20jährigen Erfahrung der Sendereihe des Rundfunks „Prof. Kaul antwortet" durch den Autor der Sendereihe immer wieder Hinweise gab, daß gerade die alltäglichen Fragen auf ein großes Interesse stoßen, wurde innerhalb der Redaktion zu Beginn der Reihe die Frage gestellt, ob nicht manche Fragen zu unbedeutend für die Sendereihe seien. Und in diesem Punkt zeigte sich, wer die Bedürfnisse der Bürger und ihre täglichen Probleme und Sorgen wirklich kennt und erkennt, daß auch die kleinen Dinge des Alltags wichtige Staatsangelegenheiten sind. Und diese Tatsache war die erste und wichtigste Erfahrung der Mitarbeiter der Redaktion Rechtspolitik des Fernsehens der DDR.

Fragen des Arbeitsrechts rangierten an erster Stelle. Es folgen Fragen zum Wohnungsmietrecht, Fragen zu Schuldrechtsverhältnissen und Fragen des Familienrechts.

Zweitens: Auf jede Frage muß eine konkrete Antwort, ein konkreter Rat erteilt werden. Die Ratsuchenden wollen genau wissen, wie sie ihr Problem lösen können, wie sie sich verhalten sollen, an wen sie sich wenden können. Dabei tauchte natürlich in der redaktionellen Praxis ein Problem auf, das immer wieder zu Schwierigkeiten führte. Denn einmal möchte die Redaktion dem Anliegen der Zuschauer nachkommen und in der Sendung möglichst viele Rechtsfälle behandeln. Zum anderen soll jeder Rechtsfall konkret beantwortet und zum dritten soll jeder Fall, was die sozialistischen Verhaltensweisen anbetrifft, verallgemeinert werden. Deshalb strebte das Gestalterkollektiv an, außer der konkreten Beantwortung auch noch mögliche Verhaltensvarianten darzustellen, was jedoch nur beschränkt möglich war, da nur eine bestimmte Sendezeit zur Verfügung stand, oder aber es könnten nur wenige Fälle behandelt werden. Deshalb war der Kompromiß so, daß zunächst die konkrete Antwort im Vordergrund stand und nur wesentliche Varianten angedeutet werden konnten.
Drittens: Jede Sendung muß unterhaltend sein. Während sich die Konfliktsituation verdichtet, in einer dokumentarisch gestalteten Spielszene interessant, lebensnah und unterhaltend darstellen läßt, ist die optische Umsetzung der Gesetzestexte weitaus schwieriger zu lösen. Deshalb wurden innerhalb der Sendung dem Zuschauer die Gesetzestexte mit genauer Quellenangabe gezeigt, damit die wesentlichen Passagen vom Zuschauer selbst mitgelesen werden konnten. Es hing dann von der Wortgewandtheit des Moderators ab, diese Texte dem Zuschauer allgemein verständlich zu erläutern.
Es ist eine alte Erfahrung, daß der Erlebnisgehalt, das Begreifen einer Situation am deutlichsten wahrgenommen wird, wenn man unmittelbar dabei ist. Dieses Dabeisein, dieses Miterleben sollte in einer Spielszene erreicht werden, und es ist erreicht worden. Der Redaktion liegen Aussagen vor, in denen die Zuschauer eindeutig mitteilen, daß ihnen die Art und Weise der Darstellung gefällt und sie durch das Miterleben nunmehr angereizt werden, auch die Lösung des Konflikts zu erfahren. Doch einen Konflikt in einer Spielszene darzustellen, erfordert mehr Zeit, als ein Problem verbal in Form einer Anfrage an den Zuschauer mitzuteilen. Deshalb wurde innerhalb jeder Sendung die Rubrik „Zuschauerfragen kurz beantwortet“ eingerichtet. Auch das war ein Kompromiß, aber wir können sagen, je mehr Fragen innerhalb einer Sendung aufgeworfen und beantwortet wurden, desto größer war das Interesse der Zuschauer, weil dann meist eine Frage dabei war, die den Zuschauer unmittelbar berührte.
Viertens: In der Rechtspropaganda darf der Humor nicht fehlen. Ein altes russisches Sprichwort lautet „Das Lachen ist der Bruder der Kraft“, und wenn wir uns umsehen, wird bei uns im Leben mehr gelacht, als es vielleicht in Fernsehsendungen deutlich wird. Deshalb suchen die Schöpfer dieser Rechtsratgeberreihe für jede Sendung nach einem Konflikt, der nicht ganz so ernst zu nehmen war und der sich deshalb für eine Darstellung in Form eines Zeichentrickfilms eignete.
Im Jahre 1976 wird die Redaktion Rechtspolitik des Fernsehens der DDR 6 Sendungen zusätzlich und ausschließlich zur Arbeit der Konfliktkommission gestalten. Die Sendungen, die inhaltlich analog mit den Schulungsthemen für die Mitglieder der Konfliktkommission übereinstimmen, sollen mithelfen, insbesondere das Rechtsbewußtsein der Werktätigen in den Betrieben und Einrichtungen zu fördern und die Autorität der Gewerkschaften zu stärken. Die erste Folge trägt den Titel „Das Pumpgenie“ und behandelt ein Problem eines Darlehnsvertrages, um an diesem Beispiel die Zuständigkeit der Konfliktkommission für einfache zivilrechtliche Streitigkeiten darzulegen.

RUDI MASSOW

Ergebnisse und Erfahrungen der Rechtspropaganda in der „Ostsee-Zeitung“

Die „Ostsee-Zeitung“ als Organ der Bezirksleitung Rostock der SED hat – wie alle Massenmedien – u. a. die Aufgabe, sich als Tribüne des Erfahrungsaustausches, der Wissensvermittlung zu bewähren und täglich auf das sozialistische Bewußtsein der Bürger einzuwirken.
Es kann festgestellt werden, daß sich die Rechtspropaganda der „Ostsee-Zeitung“ ständig quantitativ und qualitativ verbessert hat. Wir konzentrieren uns darauf, kontinuierlich Fragen des sozialistischen Rechts zu behandeln und praktische Rechtskenntnisse zu vermitteln.
Die Rechtspropaganda in unserer Zeit hat mit dazu beigetragen, daß das sozialistische Recht, die bewußte Disziplin mehr und mehr zur festen Gewohnheit der Bürger wurde, daß Ordnung, Sauberkeit und Sicherheit mehr und mehr als fester Bestandteil der Leitungstätigkeit in den Betrieben und Institutionen angesehen werden.
Mit den Beiträgen über die Durchsetzung des sozialistischen Rechts wurde sichtbar, daß das Recht überall, in Gewerkschaftsgruppen, in Wohngebieten, in Betriebskollektiven, in Stadt und Land schon zu Hause ist. Unsere Bürger betrachten in zunehmendem Maße die Verwirklichung des sozialistischen Rechts als Teil der Bemühungen zur Erfüllung der Hauptaufgabe.
Daß das Bedürfnis, über Rechtsfragen zu diskutieren, mehr über das sozialistische Recht zu erfahren, sehr groß ist, zeigte sich u. a. im 9. Urania-Kurs der „Ostsee-Zeitung“ zu dem Thema „Gesetz, Gesellschaft, Persönlichkeit“. Mit dieser zunächst zeitlich begrenzten Aktion wurden für viele Leser Fragen des sozialistischen Rechts lebensnah und greifbar behandelt. Wir haben uns dabei mit solchen Verhaltensweisen, die in allgemeinen Redensarten (wie „ich kann doch machen, was ich will“ oder „ein bißchen Schwund gibt es überall“) zum Ausdruck kamen, auseinandergesetzt, haben an ihnen Rechtsprobleme erläutert und damit eine große Resonanz erzielt.
Seit Oktober 1973 veröffentlicht die „Ostsee-Zeitung“ regelmäßig monatlich eine Seite betitelt „Unser sozialistisches Recht“ und in der Regel wöchentlich zwei weitere Beiträge unter den Rubriken „Aus der Feder des Richters“, „VP-Autoren zum Thema“ oder „Der Staatsanwalt möchte vorbeugen“. Darüber hinaus gibt es auf allen Lokalseiten entsprechende Veröffentlichungen zu Rechtsfragen, Rechtsverletzungen und ihre Ursachen.
Bewährt hat sich die Methode, ausgehend von einem Rechtskonflikt Verhaltensweisen einzelner Bürger oder Gruppen von Bürgern darzustellen und Ursachen und Wege zur Überwindung aufzudecken. Uns geht es dabei nicht darum, sogenannte Fälle inter-

essant zu schildern und feuilletonistisch zu behandeln, sondern – ausgehend von einer Straftat – Verhaltensweisen der einzelnen, Ursachen und begünstigende Bedingungen zu erklären und diesen Vorgängen die gesellschaftliche Verantwortung gegenüberzustellen.
Ebenso bewährt hat sich die sogenannte kleine Form, das heißt, die Beantwortung von Fragen, die unser sozialistisches Recht betreffen. Diese Fragen entnehmen wir aus Leserzuschriften, Gesprächen mit Werktätigen und aus den Rechtsauskünften in den Einrichtungen unserer Redaktion. Die Rechtsseite und die anderen Beiträge in unserer Zeitung gewinnen dadurch an Wirkung, weil sie vor allem kontinuierlich erscheinen und in vielfältiger Weise Antwort auf interessierende Fragen zu unserem Recht geben.
Nach einem genau festgelegten und über einen längeren Zeitraum gültigen Themenplan erscheinen die Beiträge. Diese Themenpläne, die gemeinsam mit der ehrenamtlichen Redaktion erarbeitet werden, gehen in die langfristigen Pläne und Wochenpläne der Redaktion ein und garantieren die Vielfalt der Darstellung des sozialistischen Rechts (Familienrecht, Strafrecht, zum Zivilgesetzbuch, Arbeitsrecht, den gesellschaftlichen Gerichten u. a.). Dazu erscheinen auf der Rechtsseite Kommentare, Antworten auf Leserfragen, und unter der Dachzeile „Kaleidoskop des Unrechts“ werden Fakten und Meldungen aus dem kapitalistischen Unrechtsstaat veröffentlicht und kommentiert.
Durch eine gute und mit den entsprechenden Institutionen abgestimmte Öffentlichkeitsarbeit, und darum geht es uns – haben wir zweifellos zu diesem wichtigen Anliegen unserer gesellschaftlichen Entwicklung beigetragen. Das ist aus der steigenden Zahl von Leserbriefen an die Zeitung, aus der Zahl von Anfragen zur Rechtslage, an der Urania-Akademie der „Ostsee-Zeitung“ und an der Teilnahme der Werktätigen im Ostseebezirk am Kampf um die Anerkennung als „Bereich der vorbildlichen Ordnung und Sicherheit“ abzulesen. Nicht zuletzt hat sich auch die Wirksamkeit der gesellschaftlichen Gerichte durch Beispielveröffentlichungen erhöht.
Die Wahrnehmung dieser und anderer Fragen der Öffentlichkeitsarbeit ist ohne Mithilfe und Unterstützung durch die Justiz- und Sicherheitsorgane nicht möglich. Als effektivste Form der Zusammenarbeit hat sich die Bildung einer ehrenamtlichen Redaktion für die Rechtsseite wie überhaupt für die Behandlung von Rechtsfragen in der Zeitung erwiesen.
Ihre Mitglieder arbeiten als Autoren und Berater.
Hemmend wirkt sich jedoch noch aus, daß nicht alle Abteilungen der Redaktion auf ihrem Gebiet das Recht in ihre fachlichen Probleme integrieren. Manchmal könnten die Fachabteilungen – wenn sie zum Beispiel über die Ergebnisse des Wettbewerbs berichten – noch deutlicher sichtbar machen, daß Ordnung und Sicherheit, Recht und Gesetz ein Teil unseres täglichen Planes und unserer sozialistischen Demokratie sind. Bei der Behandlung eines solchen Themas zum Beispiel, wo es um den Kampf von Brigaden um den Titel „Kollektiv der sozialistischen Arbeit“ geht, müßten noch mehr Denk- und Verhaltensweisen eine Rolle spielen, die sich bei der Lösung ökonomischer Aufgaben bewährt haben. Dazu gehört die Förderung einer schöpferischen Ungeduld gegenüber Mängeln und Schwächen, die den Arbeitsrhythmus stören und zum Beispiel zur Nichtauslastung der gesetzlichen Arbeitszeit führen. Ebenso zählt dazu der Standpunkt des Arbeiters, daß es zur Arbeitsehre gehört, die Arbeitszeit voll auszunutzen, das sozialistische Eigentum zu schützen und das Sparsamkeitsprinzip durchzusetzen.
Wir meinen – und sollten bei allem berücksichtigen –, daß die Herausbildung sozia-

listischer Gewohnheiten, die Erziehung von sozialistischen Persönlichkeiten kein geradliniger, sondern ein komplizierter und langwieriger Prozeß ist. Wir sehen hier noch große Möglichkeiten und unsere Verpflichtung, uns noch kritischer mit ideologischen Hemmnissen auseinanderzusetzen und beständiger an der Herausbildung einer achtungsvollen Einstellung aller Bürger zu Recht und Gesetz zu arbeiten.

STEFAN OTTE

Erfahrungen der Gewerkschaftszeitung „Tribüne“ bei der Rechtsinformation und Rechtspropaganda

Erhebungen über die Wirksamkeit der unterschiedlichen Quellen von Rechtsinformation und Rechtspropaganda haben ergeben, daß die Zeitungen für die Bürger eines der wichtigsten Mittel der Rechtsinformation darstellen.

Die Zuschriften unserer Leser zu Rechtsfragen haben von Jahr zu Jahr zugenommen. Gegenwärtig erhalten wir jährlich als Rechtsabteilung der TRIBÜNE annähernd 5000 Zuschriften. Damit liegen wir, was die Anzahl der Korrespondenzen betrifft, an der Spitze aller Abteilungen der Redaktion.

Das große Interesse der Arbeiter – das ist ja die überwiegende Zahl unserer Leser – an den Fragen des sozialistischen Rechts verpflichtet uns, in zweierlei Hinsicht nachzudenken. Einmal, welche journalistischen Formen und Methoden wir entwickeln müssen, um das Interesse an einer umfassenden Rechtsinformation und Rechtspropaganda noch besser zu befriedigen, und zum anderen, welche Schlußfolgerungen sich aus dieser doch durchaus repräsentativen Anzahl von Zuschriften für die Einflußnahme auf gewerkschaftliche und betriebliche Leitungstätigkeit auf dem Gebiet des Rechts ergeben. Der Beschluß des Präsidiums des Bundesvorstandes des FDGB über die Aufgaben der Gewerkschaften zur Erläuterung des sozialistischen Rechts sowie zur Weiterentwicklung des Rechtsbewußtseins der Werktätigen vom 2. August 1974 gibt uns hierzu die klare Orientierung.

1. Wir sind uns sicher einig, daß die Wirksamkeit der Rechtspropaganda in den Massenmedien entscheidend davon abhängt, daß der Leser Antwort auf seine Fragen findet, d. h. also, daß das aktuelle Interesse an einer Rechtsinformation zielgerichtet befriedigt wird.

Eine Zeitung, die eine wirksame Rechtspropaganda betreiben will, muß also wissen, welche Probleme die verschiedenen Schichten, Gruppen und Gemeinschaften der Leser bewegen, welche Einsichten sich gefestigt haben, aber auch wann und durch welche Konflikte sie beeinträchtigt werden.

Ein entscheidendes Prinzip unserer Arbeit ist daher die systematische und planmäßige Auswertung der Leserpost. Diese Analyse, aus der ganz eindeutig ein differenziertes Informationsbedürfnis auf den verschiedensten Gebieten des Rechts – hier des Arbeitsrechts – sichtbar wird, bilden eine Grundlage für die langfristige Planung unserer arbeitsrechtlichen Veröffentlichungen.

2. In vielen Briefen geht es keineswegs nur um die Lösung einer individuellen Streitfrage, sondern um die Information über die Möglichkeiten, die das sozialistische Recht bietet, um sich über die Gewerkschaften für die umfassende Verwirklichung der Rechte

der Werktätigen einsetzen zu können. Hieraus ziehen wir eine zweite Schlußfolgerung für unsere öffentliche Rechtspropaganda. Sie darf sich keineswegs ausschließlich auf eine allgemeine Paragraphenerläuterung beschränken. Sie muß vielmehr beim Leser das bewußte Begreifen des Inhalts unseres Rechts fördern und daraus resultierend Verhaltensweisen, die unseren sozialistischen Rechts- und Moralauffassungen entsprechen. Das stellt auch an eine Tageszeitung die Anforderungen nach einer hohen Qualität der Rechtsinformation und der Rechtspropaganda. Um das zu erreichen, braucht die Redaktion einen engen Kontakt mit den Lesern und die ständige Zusammenarbeit mit den Massenorganisationen und den zuständigen staatlichen Organen. Bewährt hat sich in diesem Zusammenhang das seit dem Erscheinungsbeginn der TRIBÜNE-Beilage „Die Konfliktkommission“ mit unserer Redaktion zusammenarbeitende ehrenamtliche Beraterkollektiv. Hier arbeiten Vertreter der Betriebe ebenso mit wie Konfliktkommissionsvorsitzende, Rechtskommissionsvorsitzende und Beauftragte der Rechtspflegeorgane.

Bei der Analyse der Wirksamkeit unserer rechtspropagandistischen Arbeit können wir darüber hinaus mit Genugtuung feststellen, daß in den letzten Jahren sich auch viele fruchtbare Wechselbeziehungen zwischen der TRIBÜNE und den Betrieben herausgebildet haben. Viele Betriebsgewerkschaftsleitungen nutzen die Information und Argumentation auf rechtlichem Gebiet, die ihnen durch unsere Zeitung vermittelt werden, gezielt für die rechtspropagandistische Arbeit, für die Schulung der Leiter, der Gewerkschaftsfunktionäre und insbesondere auch der Konfliktkommissionen. Umgekehrt helfen uns auch immer mehr gewerkschaftliche Leitungen, Rechtskommissionen und Konfliktkommissionen, die besten Erfahrungen der Arbeit, gute Ergebnisse im Kampf um Ordnung, Disziplin und Sicherheit mit Hilfe der Gewerkschaftszeitung zu verallgemeinern. Es ist uns eine Verpflichtung, das Zusammenwirken in noch höherem Maße zu fördern. Wie auf allen Gebieten der journalistischen Arbeit gilt es auch für die Rechtspropaganda: Je stärker Arbeiter, Gewerkschaftsfunktionäre, Konfliktkommissionsmitglieder in der Zeitung selbst zu Wort kommen, um so größeren Einfluß gewinnt sie auf die Entwicklung des Rechtsbewußtseins der ganzen Arbeiterklasse. Wir sind folgender Meinung: Wenn wir davon ausgehen, daß das Rechtsbewußtsein ein wesentlicher Bestandteil des sozialistischen Bewußtseins ist, so muß die Rechtspropaganda auch Bestandteil der ganzen Zeitung sein, dann muß sich die Rechtspropaganda in der ganzen Vielfalt der Genres widerspiegeln.

So nehmen sich immer mehr auch andere Abteilungen der Redaktion, so z. B. die Abteilung Wirtschaft oder die Abteilungen Propaganda und Sozialpolitik, dieser Thematik an und verbinden so die Behandlung der ökonomischen und sozialpolitischen Probleme mit den Fragen des Rechts. Wir meinen, daß damit ein richtiger Weg beschritten wird, um die Einheit von Politik, Ökonomie, Sozialpolitik und Recht dem Leser überzeugend sichtbar zu machen.

3. Hier sind wir an einem Punkt angelangt, den wir in letzter Zeit in der Redaktion besonders gründlich durchdenken. Ein wichtiges Bedürfnis der Arbeiter besteht darin, täglich gute Leistungen unter bestmöglichen Arbeitsbedingungen, hoher Rechtssicherheit und demokratischer Mitwirkung zu vollbringen. Allerdings hat es sich längst noch nicht überall zur selbstverständlichen Norm durchgesetzt, die Fragen der Arbeiter oder den Standpunkt der gewerkschaftlichen Leitung aufmerksam zu hören und mit der erforderlichen Verständlichkeit und Sachlichkeit zu beantworten.

Wir können zwar feststellen, daß mit dem Ministerratsbeschluß über die Verbesserung der Rechtsarbeit in den Betrieben sich auch bei den meisten Leitern eine bewußtere Einstellung zur Durchsetzung der sozialistischen Gesetzlichkeit abzeichnet, aber viele Briefe lassen doch noch auf erhebliche Unkenntnisse und Rechtsverletzungen schließen. Wenn die Partei die Aufgabe gestellt hat, das Rechtsbewußtsein zu erhöhen, so bedeutet das, auch mit Hilfe der rechtspropagandistischen Veröffentlichungen dafür zu sorgen, daß Rechtssicherheit und produktivitätsfördernde Wirksamkeit des Rechts nirgends an den Rand der Leitungstätigkeit gerät. Wir wissen, welchen Einfluß Rechtssicherheit auf die Steigerung der Arbeitsproduktivität und die Entwicklung guter Arbeitsbedingungen, also auf die Erfüllung der Hauptaufgabe, hat. Die von der Partei und von den Gewerkschaften geforderte Hartnäckigkeit bei der Interessenvertretung der Kollegen schließt somit auch die öffentliche Kritik dort ein, wo es um die Beseitigung von Mängeln und Fehlern auf diesem Gebiet geht. Es unterliegt keinem Zweifel, daß gerade dieses Genre von einem sozialistischen Journalisten besonders verantwortungsbewußt zu handhaben ist, aber es muß – darüber sind wir uns einig – gehandhabt werden. Nicht um ein Abstempeln der Leiter als schlechte und unfähige Funktionäre geht es dabei, sondern um eine Verbesserung ihrer Leitungstätigkeit.

4. Ein letzter Gedanke. Wir haben z. B. die Erfahrung gemacht, daß der Leser am schnellsten an die Rechtsproblematik herangeführt werden kann, wenn ihm der Stoff in einer lebensnahen Form vermittelt wird. Gemeinsam sollten Juristen und Journalisten sich schließlich auch künftig bemühen, eine Sprache zu finden, die es dem Leser erleichtert, den sozialistischen Inhalt unseres Rechts zu begreifen. Die klare Sprache unserer neuen sozialistischen Gesetze wird uns helfen, so zu schreiben und zu formulieren, daß der Arbeiter sein Recht versteht und sich für seine Durchsetzung mitverantwortlich fühlt – in seinem Interesse und im Interesse unserer sozialistischen Gesellschaft.

Autorenverzeichnis

Prof. Dr. Gerhard Schüßler, Vorsitzender des Rates für staats- und rechtswissenschaftliche Forschung an der Akademie der Wissenschaften der DDR

Prof. Dr. Wolfgang Weichelt, Direktor des Instituts für Theorie des Staates und des Rechts der Akademie der Wissenschaften der DDR

Prof. Dr. Gerhard Haney, Friedrich-Schiller-Universität, Jena, Sektion Staats- und Rechtswissenschaft

Prof. Dr. Karl A. Mollnau, Institut für Theorie des Staates und des Rechts der Akademie der Wissenschaften der DDR

Prof. Dr. John Lekschas, Dekan der Gesellschaftswissenschaftlichen Fakultät der Humbold-Universität, Berlin

Dr. Herbert Gieding, Staatssekretariat für Berufsbildung

Prof. Dr. Heinz Such †, Dekan der Fakultät für Wirtschafts- und Rechtswissenschaften der Karl-Marx-Universität Leipzig

Prof. Dr. Uwe-Jens Heuer, Zentralinstitut für sozialistische Wirtschaftsführung beim ZK der SED

Prof. Dr. sc. Dr. h. c. Gerhard Pflicke, Direktor des Instituts für Wirtschaftsrecht der Hochschule für Ökonomie, Berlin

Prof. Dr. Manfred Mühlmann, Karl-Marx-Universität, Leipzig, Sektion Rechtswissenschaft

Prof. Dr. Gerhard Schulze, Akademie für Staats- und Rechtswissenschaft der DDR, Stellv. Direktor der Sektion II

Prof. Dr. Erich Buchholz, Direktor der Sektion Rechtswissenschaft der Humboldt-Universität, Berlin

Prof. Dr. Frithjof Kunz, Leiter des Lehrstuhls Arbeitsrecht der Akademie für Staats- und Rechtswissenschaft der DDR

Prof. Dr. sc. Günter Lehmann, Akademie für Staats und Rechtswissenschaft der DDR

Siegfried Merker, Bürgermeister, Rat der Lutherstadt Wittenberg

Obering. Gerhard Kunze, VEB Konstruktions- und Ingenieurbüro Chemie Leipzig, Stammbetrieb des VEB Chemieanlagenbau und Montagekombinat Leipzig, Generalauftragnehmer für Chemieanlagen

Dr. Helmuth Grieger, Ministerium der Justiz, Abteilung Rechtspropaganda

Dr. Siegfried Petzold, Präsidium der Urania, Sektion Staats- und Rechtswissenschaft

Dr. Udo Krause, Rundfunk der DDR

Dr. Rolf Leuschel, Fernsehen der DDR

Rudi Massow, „Ostsee-Zeitung“ Rostock

Dr. Stefan Otte, Gewerkschaftszeitung „Tribüne“

FSC
www.fsc.org
MIX
Papier | Fördert
gute Waldnutzung
FSC® C083411

Kolibri 360 GmbH
Ferdinand-Jühlke-Straße 7
99095 Erfurt, Deutschland
produktsicherheit@kolibri360.de